KB261803

알아서 잘하는 아이는 없다

알아서 잘하는
아이는 없다

초판 1쇄 발행 2012년 8월 20일
초판 2쇄 발행 2012년 9월 9일

지 은 이 조수경·채수문
발 행 인 권선복
편집주간 오성용
디 자 인 김혜림
마 케 팅 서선교
전 자 책 박소은
발 행 처 도서출판 행복에너지
출판등록 제315-2011-000035호
주   소 (157-010) 서울특별시 강서구 화곡로 232
전   화 0505-666-5555
팩   스 0303-0799-1560
홈페이지 www.happybook.or.kr
이 메 일 ksb6133@naver.com

값 15,000 원
ISBN 978-89-97580-29-3   13370

도서출판 행복에너지는 독자 여러분의 아이디어와 원고 투고를 기다립니다. 책으로 만들기를
원하는 콘텐츠가 있으신 분은 이메일이나 홈페이지를 통해 간단한 기획서와 기획의도, 연락처
등을 보내주십시오. 행복에너지의 문은 언제나 활짝 열려 있습니다.

알아서
잘하는
아이는
없다

아이는 엄마가 만드는 것

보통 아이보다 걸음마도 늦고 말도 늦게 배워 유난히 애를 태웠던 녀석. 태어난 지 사흘 만에 '심장에 이상이 있다'라는 진단을 받고 초강력 충격으로 내 가슴을 산산조각 냈던 녀석. 유치원을 울며불며 뛰쳐나오기 일쑤에 학교에서 왕따를 당하고 풀이 죽어 집으로 올 때마다 내 가슴을 아프게 했던 유난히 사교성이 부족하고 모든 일에 대해 두려워하던 녀석. 반 60명 중에서 50등을 넘기지 못하고 학교를 옮길 때마다 떠나기 싫다고 떼를 쓸 때에도 우리는 서로 극복할 수 있을 거라 위로했다.

하지만 우리나라에서 괜찮은 사회인이 되려면 몇 안 되는 일류 대학을 나와야 한다. 그러기 위해서는 우선 외고나 특목고를 다녀야 한다. 그런 고등학교에 가기 위해서는 적어도 중학교 때부터 소위 말하는 8학군에 입성해야 하고, 족집게 과외 선생에게 배우거나 명문학원 정도는 다녀야 한다. 허나 그것은 전적으로 모두 부모의 능력에 따라 가능한 일이다. 이 사실을 알았을 때 나는 눈앞이 캄캄해졌다.

그깟 주변여건 때문에 내 아이를 훌륭하게 만드는 일을 포기할 수는 없었다. 아이는 부모 하기 나름 아니겠는가! 돈으로만 좋은 사람을 만들 수 있는 것은 아니리라. 남들보다 몇 배 더 노력하면, 더 정성을 쏟는다면 충분히 이룰 수 있을 거라고 생각했다.

서두르지 않고 천천히 녀석에게 맞는 교육방법, 아니 나만의 교육방법을 꼭 찾아내리라 결심했다.

늦게 가는 것은 중요하지 않다. 얼마나 길게 얼마나 오래가느냐가 중요하다. 아이 혼자가 아니라 엄마가, 아니 온 가족이 다 같이 동행한다면 할 수 있을 것 같았다.

꼴찌에서 맴돌던 아이가 30등으로 10등으로 올라가더니 어느새 전교 1, 2등을 다투기 시작했다. 왕따 아이가 어느 새 반장, 회장을 도맡아 했다. 연세대학교 편입 첫 학기에 최우등생을 거머쥐어 기존학생과 교수를 놀라게 하더니 대학 4년 내내 전 과목 A를 기록하고 카이스트 국비 장학생이 되었다. 군 복무 기간 동안 도전해서 순전히 독학으로 변리사 고시를 패스했다.

어차피 바꿀 수 없고, 피할 수 없는 현실이라면 이를 받아들이고 즐기기로 했다. 남보다 늦은 발육과 열악한 환경은 오히려 약이 되었다. 천천히 느긋하게, 조금씩 꾸준하게 상승곡선을 그리게 했다.

물론 어느 것 하나 쉽지 않았다. 늘 살피고 듣고 생각하고 시도하고 무던히도 참아야 했고, 때문에 겉으로는 웃고 있어도 속은 항상 숯검정이었다. 늘 아이들과 공부라는 화두를, 그 뜨거운 화로를 머리에 이고 미친년 널뛰듯 살아야 했기 때문이다.

이 책에는 그러한 나의 노력과 내가 아파했고 발버둥쳤던 그때의 이야기와 모두가 이렇게 살았으면 하는 소망을 함께 담았다.

누군가 나처럼 걱정하고 고민하고 좌절하려는 사람들에게, 세상의 모든 엄마에게, 내 아이들에게, 내 남편에게, 그리고 나 자신에게 말하고 싶다.
"아이는 엄마가 만들어야 해요. 꼭."이라고.

법화산 기슭에서
저자 조 수 경

장준규

육군 중장/특전사령관

오랜 친구로 저자 부부를 지켜봐 왔습니다. 직업군인 과 그의 아내로, 잦은 이사와 그 어려운 교육환경 속에서도 두 자녀를 잘 키워낸 이들 부부가 자랑스럽습니다. 특히 선희 엄마에게 더 뜨거운 박수를 보냅니다. 어느 교육전문가 못지않은 확고한 교육철학을 가지고 늘 엄마의 자리를 지키려 애를 쓴, 그 헌신의 결과가 아닐까 합니다.

돈이 자녀의 학벌을 만든다는 이 시대의 통념을 깨고, 긍정적인 생각으로 자녀를 믿고 기다려 준 인내심이 훌륭한 결과를 가져왔습니다. 엄마의 사랑과 관심이 아이들을 만든다는 말을 이 책을 통해 다시 한 번 실감할 수 있었습니다.

자녀 교육이 커다란 이슈인 시대에, 이 책을 읽은 많은 부모들이 자녀들과 함께 고민하고, 자녀들과 눈높이를 맞추고, 일방적인 소통이 아닌 쌍방 활발한 의사소통을 하길 바랍니다. 또한 길게 바라보며 기다려줄 줄 알고 좋은 방향으로 이끌어줄 지혜로운 부모의 역할을 그려볼 수 있기를 소망합니다.

모종화

육군 중장/군단장

저것은 벽, 어쩔 수 없는 벽이라고 우리가 느낄 때,/ 그때 담쟁이는 말없이 그 벽을 오른다. 물 한 방울 없고, 씨앗 한 톨 살아남을 수 없는,/ 저것은 절망의 벽이라고 말할 때 담쟁이는 서두르지 않고 앞으로 나간다.

도종환, 「담쟁이」 중 일부

30년을 함께 살아온 군 동기생 채수문, 조수경 부부의 『알아서 잘하는 아이는 없다』를 읽으며, 오를 수 없는 벽을 담쟁이처럼 천천히 넘는 기분이 들었다. 줄탁동시啐啄同時의 노란 병아리 떼처럼 운명을 졸졸 쫓아다니던 우리 모두가 겪는 이야기들. 한꺼번에 읽지 않고는 잠을 청할 수 없는 묘한 끌림과 찡함이 느껴진다.

이들 부부가 삶의 고비마다 갈등하고 또 그것을 이겨내는 이야기를, 아니, 우리 모두의 삶의 이야기를 이렇게 아름답게 수놓아 한 편의 책으로 만들어내었으니 너무도 고맙고 자랑스럽다.

이제 하얗게 변하는 머리와 함께 영글어가는 삶의 이야기와 지혜를 담은 이 책을 독자 모두에게 자신 있게 추천해 드린다.

강대석

신한 금융투자 대표이사 사장

참으로 아름답다. 참으로 눈물겹다. 우리 시대 우리 나이대의 삶 치고 어느 한순간인들 드라마틱하지 않은 장면이 있었던가! 정신없이 지나온 시절의 이야기들을 이제 잠시 숨을 고르면서 담담하게 써내려 간 저자 부부의 마음이 정겹게만 느껴진다.

그 이야기를 따라가다 보면 지난날 나의 이야기들이 겹쳐진다. 당황하고 기뻐하고 슬퍼하는 그 부부의 표정 위로 우리 부부의 모습이 겹친다. 지난날의 이야기인가 싶은데 가만히 보니 앞날의 이야기다. 어쩌면 더 길게, 더 깊게 사유하면서 살아가야 할 내일의 이야기다. 앞으로 더 잘 살아가야 한다고 속삭이는 이야기다. 또 우리의 아이들이, 우리의 손자 손녀들이 그렇게 살아가야 한다고 들려주는 이야기다.

구슬처럼 영롱하게 떠오르는 그 삶의 지혜를 조용히 따라가다 보면 어느새 마지막 장에 이른다. 단숨에 읽어 내려가도록 쉽고 재미있게 풀어간 이야기에, 글도 이렇게 쉽게 쓸 수 있구나 생각해본다. 더 들어야 할 이야기가 숨어 있을까 몇 번이고 뒤집어 보고 싶은 책이다.

소중한 삶의 이야기를 이렇게 정답게, 이렇게 담담하게 그리고 이렇게 재미있게 들려준 저자 부부가 너무도 고맙다. 항상 곁에서 같이 웃고 울었던 친구 부부가, 이렇게 자신의 삶을 반추하면서 살아가고 있다는 사실에 더더욱 고맙다.

김호용

고려역사 선양회 수석 부총재 | 善山(一善)김씨 대종회장

연세대학교 ROTC 동문회장

이 책은 양육지침서도 교육 이론서도 아니요, 성적을 마구 올려주는 학습비결서도 아니다. 충실하게 자신의 삶을 살아가는 대한민국 한 평범한 부부의 진중한 삶이 오롯이 담긴 책이다.

천천히 가면 바보스러워 보일까 봐, 저 멀리 있는 환상을 빨리빨리 쫓아만 가는 사회. 배웠다는 사람, 한다 하는 사람들이 부와 명예와 권력을 더 탐하는 사회. 그리고 그런 것을 좇아야 한다고 생각하는 우리 모두에게 저자는 자신의 경험을 통해 많은 깨달음과 큰 울림을 준다.

모두 내 이야기 같아서 정겹다. 같은 시대를 살아가는 삶의 모습이라서 더 소중하다. 내가 원한 삶의 비전이 고스란히 담겨 더욱 공감이 간다. 구수하게 풀어놓은 이야기들은 술술 읽히지만 그 안에 담긴 삶의 지혜를 독자 스스로 찾는 재미도 만만치 않다.

이제 막 자녀를 키우려는 부부, 키우고 있는 부부, 이미 키워낸 부부 모두 함께 나누어야 할 소중한 이야기들이다. 아니, 대한민국의 모든 사람들이 이 책을 읽고 이들 부부처럼 살아보기를 감히 권한다.

목차

여는글

닫는글

영원한 숙제 자식교육

금 간 유리병

같이 무서워하고 같이 아파하자

비워둘 수 없는 엄마의 자리

사랑의 도시락 편지

줄탁동시 – 호흡까지도 맞춰라

자연에서 배우는 것들

엄마는 죽어도 내 편

소통이 먼저다

Chapter 1

영원한 숙제 자식교육

2011년 11월 16일 아침, 남편은 엘리베이터 앞에서 조용히 내 손을 잡고 눈을 맞추었다. 그리고 다시 한 번 잡은 손에 힘을 주고는 미소를 지어 보였다.

'기대해서는 안 돼!' 하면서도 시선은 자꾸만 벽에 걸린 시계와 전화기로 향했다.

안 되겠다 싶어 부엌으로 향했다. 씻은 그릇을 씻고 다시 또 씻는 그 어느 순간인가에 전화기가 울렸고 아들 친구의 전화를 받고 난 나는 거실 바닥에 철퍼덕 주저앉았다.

녀석의 목소리가 듣고 싶었다. 아들은 연구실에 있었다.

"어! 합격했대요? 이제 막 알아보려고 했는데!"

마치 남의 일 얘기하듯 아무렇지도 않게 전화를 끊는 아들 녀석의 덤덤한 목소리.

나만 흥분했었나?

하지만 잠시 후 들려온 아들의 힘차면서도 촉촉한 목소리.

"엄마! 변리사 엄마! 축하해요!"

순간 나는 벌떡 일어나 소리쳤다.

"그래! 나는 변리사 엄마다!"

깜짝 놀라 울음을 터뜨린 열 달배기 손녀를 끌어안고 같이 울고야 말았다.

"아 이것이었구나! 이 순간을 위해 그렇게 숨죽이며 살아왔구나! 마치 살얼음 밟듯"

변리사가 된 아들은 며칠간 숨 가쁘게 바빴다. 9시 발표 후 바로 오후부터 시작된 오리엔테이션, 곳곳에서 걸려오는 축하전화! 장밋빛 찬사에 녀석은 한껏 고무된 듯했다.

카드 회사에서는 억대까지 신용대출 가능한 카드를 만들라고 권했고, 결혼정보회사에서도 연락이 왔다.

오랫동안 고생한 보람을 찾은 녀석은 자신을 인정해주는 세상 속으로 빨려 들어간 듯했다. 자신의 달라진 위상을 마음껏 즐기는 녀석을 보며 이래서 '고시 고시' 하는가 싶었다.

이제 나의 고생도 끝났구나 하는 생각도 들었지만 왠지 한편으로는 허탈한 무언가가 밀려왔다. 마음을 졸여가며 바라던 것을 얻은 후에 으레 찾아오는 순간적인 공허이려니 했다.

하지만 시간이 갈수록 이게 아닌데 하는 생각이 들었다. 아직도 나에게는 어린아이일 뿐인데, 그리고 공부하던 것도 아직 많이 남았는데, 세상은 녀석을 속이고 있고 녀석은 그 속임수에 놀아나고 있음이 눈에 보였다. 아직 아무것도 할 수 없는 녀석에게, 장밋빛 미래만 보고 있는 녀석에게 진실을 보여주어야 한다고 생각했다.

그날도 친구들이며 선배들에게 한턱내느라 밤늦게 돌아온 아이를 불러 앉혔다.

합격하면 지인들에게 한턱내는 것이 당연하다는 답변에 정색을
하고 물었다.

"엄마한테는 몇 턱이나 냈는데? 교수님께는?"

다음 날 아침 일찍 정장을 갖춰 입고 고맙다고 큰절하는 녀석이
대견하긴 했지만 아직도 가슴 한편에서는 나의 할 일은 아직 끝나지
않았다는 소리가 들려왔다.

다 그럴 리는 없겠지만 우리는 신분 수직상승의 매력에 자주 끌린
다. 고시는 그러한 신분 수직상승의 결정체라 볼 수 있다. 몇 년 죽
어라 공부해서 그 두꺼운 법전 몇 권을 잘 외워 시험에 합격하면 모
든 걸 얻는다. 어린 나이에 세상이 다 자기 것인 양 보인다. 아니 그
렇게 만든다.

그렇게 부와 권력을 한꺼번에 얻고 버릇없는 사회생활에 빠져든
우리 사회의 엘리트들이 얼마나 많은가! 세상에 저 혼자인 것처럼
생각하고 저 혼자인 것처럼 살며 끝없이 눈에 보이는 욕심만 쫓다가
자신과 사회를 망친 사람들이 너무 많다.

어떻게 출세하느냐만 가르치고 그것만 쫓아왔을 뿐 출세해서 무
엇을 해야 하는지 어떻게 해야 하는지 우리는 무관심하기 때문이다.
사회가 국가가 인정하고 부여한 자격을 어떻게 잘 써먹어야 하는지
어떻게 사용하면 안되는지 단속하는 사람은 많지 않다.

그저 시험 잘 본 아들 하나 만들기 위해 온 정성을 바쳤을 뿐이라
는 생각에 무작정 소리치고 싶던 마음이 서서히 가라앉았다. 내가
그동안 한 일이라는 것이 자식에게 겨우 변리사 자격증만을 받게 했

을 뿐 그 이상도 그 이하도 아니었구나.

내가 이만큼 했으니 땀을 흘린 사람의 정당한 권리를 보호하고, 우리 경제 질서를 세우고, 또 외국의 경제 침략을 방어하는 진정한 변리사의 길은 녀석 스스로 만들어 가라고 해야 할까? 아니면 누군가가 나 대신 나서서 만들어주길 바라야 할까?

시험 하나 잘 봐서 소위 출세했다는 사람들에게 사회는 너무 과분한 대접을 한다. 그들이 자기 자신을 제대로 알기 전에 그들에게 위상만 높여주다 보니 주변에 눈을 돌릴 여유를 갖지 못하고 그저 고만고만한 집단끼리 어울리고 자기 이익만 생각하다가 자신의 의무며 책임 따위는 안중에 없는 이기주의 엘리트 집단을 만들어 낸다. 그렇게 사회가 만들어간다. 아니 우리 엄마들이 그렇게 만들어가고 그렇게 만들어가는 사람들을 만들어 낸다.

그렇게 자기들끼리만 어울리다가 인간적으로 행복해하지 못하고 때로는 좋지 않은 말로를 걷는 모습들을 보면서 그들의 엄마를 생각했었다.

자식은 엄마가 만들기 나름이다. 이제 내가 햇병아리 변리사 엄마가 되었을 뿐이라는 생각에 축하한다는 소리도 한턱내라는 소리도 귀에 들어오지 않았다. 아예 휴대폰도 끄고 집 전화도 받지 않았다. 내 자식은 시험만 잘 본 아이로만 만들고 싶지 않았다.

내가 진짜 할 일은 이제부터구나 싶었다.

금간 유리병

1985년 2월, 출산 후 퇴원하는 나에게 의사는 아무렇지도 않게 말했다.

"아이는 두고 가십시오."

더 지켜볼 일이 있다고 했다. 사흘 후 남편을 보내라는 전갈이 있었지만 남편은 전방 철책선 중대장으로 근무 중이라 내가 갔다. 사정을 들은 의사는 어쩔 수 없다는 듯이 말을 내뱉었다.

"심실 판막에 작은 구멍이 있는 것 같습니다." 나는 순간 눈앞이 캄캄해졌다.

'심장병 아기를 낳았다니! 이 무슨 청천벽력이란 말인가!'

의사는 많은 아기가 그런 상태로 태어나지만 대부분 막히고 만약의 경우 수술하면 완치되니 안심해도 된다고 했지만 나는 그저 어서 아기만 달라고 했다.

'전생에 내가 무슨 잘못을 했기에 이런 천벌을 내린단 말인가?'

아기를 품 안에만 꼭 안고 정신 나간 사람처럼 바들바들 떨었다.

남편에게 전화를 걸었지만 나는 울음소리도 내지 못했다. 여기저기 알아본 남편은 아무렇지도 않게 말했다.

"괘안타 카드라! 걱정하지 말고 당신 몸이나 잘 추스르라 마."

다행히 아이는 무럭무럭 자랐다. 애당초 구멍이 너무 작아서 찾을 수도 없었고, 수술도 약물치료도 필요 없었다. 하지만 나의 가슴에 뚫린 구멍은 영 막히지가 않았다. 이 병원 저 병원 심장 전문의를 찾아다녔고 용하다는 한의사라면 전국 방방곡곡 찾아 더 많은 검사를 하자고 떼를 쓰고 의사의 바짓가랑이를 잡고 제발 아이를 살려달라고 애걸하기도 했다.

몇 개월을 기다려야 불과 1~2분 진료를 할 수 있다는 유명 전문의의 방문 앞에서 몇 시간씩 기다렸던 일이 한두 번이 아니었다. 하지만 대답은 늘 똑같았다. 그저 괜찮아질 거라는 말, 기다리라는 말뿐이었다.

"내 모든 걸 바쳐서라도 너를 꼭 고치고야 말 거야."

시원스런 대답 한마디 처방전 한 장 없이 빈손으로 병원을 나설 때마다 입술을 깨물었다. 다행스럽게도 국내 최고의 병원에서 약을 처방해 주었다. 몇 가지 색깔이 서로 다른 알약을 담은 약봉지를 가득 안고 나서야 조금 안심이 되었다.

나중에 알고 보니, 집착하는 나를 보다 못한 남편이 의사에게 부탁해 영양제와 발육촉진제를 처방해 준 것이었다. 국내 최고의 병원에서 몇 년 동안 그 흔한 어린이 영양제를 처방했다는 사실도, 그리고 내 아이부터 진료해 달라고 떼를 썼던 걸 생각하면 긴 줄을 서서 기다리던 다른 어린 환자와 부모들에게 부끄럽고 미안하기 짝이 없다.

내 아이만 살리면 된다는 어리석은 욕심과 아집으로 다른 급한 환자의 소중한 시간을 뺏은 것이 후회스럽다. 오늘내일해가며 파래진 얼굴과 바짝 마른 퀭한 눈을 가진 어린 환자들과 바짝바짝 입술이 말라가는 엄마들의 모습이 그때는 왜 눈에 안 들어왔는지 모르겠다.

나의 노심초사 병은 쉽게 낫지를 않았다. 아이가 감기에 걸려 기침만 조금 해도, 마구 달려와서 숨만 헐떡여도, 잠자다 식은땀만 흘려도, 추위에 얼굴이 파랗게 얼기만 해도 나는 가슴이 덜컥 내려앉았다.

붙면 꺼질세라 가슴 졸이는 나와는 반대로 군인인 남편은 일부러 아이를 강하게 키웠다. 남자는 마구 굴려야 한다면서 다섯 살도 안 되어 수영장에 밀어 넣었고, 휴일 새벽이면 산으로 들로 끌고 다녔다. 축구, 테니스, 스케이트, 스키를 체계적으로 가르쳤으며, 좋아하는 장난감을 물속에 던져 넣고 징징 우는 아이를 물에 밀어 넣는 것은 예사였다. 한겨울의 얼어붙은 저수지에서 특공대 병사들과 함께 스케이트 훈련을 받은 적도 있다.

아이가 건강한 모습으로 친구들과 어울려 자전거와 인라인스케이트를 얼굴이 까매지도록 타고, 축구 농구를 하다가 땀을 뻘뻘 흘리며 들어오고, 한겨울 강원도 저수지의 야외 스케이트장이나 스키장에서 몇 시간씩 놀다 꽁꽁 얼어서 돌아와도 나는 안심할 수가 없었다.

아이가 백일쯤 되었을 때의 기억 때문이다. 대학병원에서 동맥을 검사한다며 어린 아이의 사타구니 사이를 굵은 주삿바늘로 마구 휘저었고, 아이는 공포에 질린 눈동자로 나를 쳐다보았다. "엄마! 뭐해 나 좀 살려줘!" 하고 울부짖었던 그 눈동자가, 많은 시간이 지났건만 가슴속에서 지워지지가 않았다.

그때 나는 속으로 부르짖고 있었다.

'미안해 아들아, 하지만 넌 내가 다시 만들 거야 꼭. 내 목숨을 바쳐서라도'

아이를 바라볼 때마다 금간 유리병을 보는 듯했다. 그리고 그 유리병이 조각조각 떨어져 나가지 않게 붙이고 싸매서 튼튼한 유리병으로 다시 만들어야 한다는 생각이 늘 앞섰다. 체력장에서 특급을 받아와도 군대 훈련을 무사히 마치고 왔어도 나의 마음은 늘 편치 않았다. 185cm의 훤칠한 키에 어려서부터 스포츠로 다져진 다부진 몸매에 틈틈이 가꿔온 보디빌딩으로 아이는 단단한 헌헌장부가 되었지만, 그동안 나는 자책감으로 점점 더 얇아지는 금간 유리병이 되고 말았다.

그런 아이가 그 힘들다는 고시 공부를 하겠다고 했을 때 내 가슴속에서 또 '덜컥' 한쪽 유리 심장에 금이 가는 소리가 들렸다. 하지만 나도 모르게 주먹을 꼭 쥐었다.

"그래, 해보자. 넌 내가 다시 만든다. 꼭."

같이 무서워하고 같이 아파하자

"미세스 채! 미세스 채!"

다급하게 문을 두드리는 소리와 함께 아이의 울음소리가 조용한 관사마을을 흔들었다. 맨발로 뛰어나간 나는 두 영국인 선생님에게 두 팔을 잡혀 들어 올린 채로 발버둥치면서 울부짖는 아이를 보았다. 아이의 얼굴은 눈물과 콧물로 범벅되어 있었고 바지는 반쯤 엉덩이에 걸쳐 있었고 신발은 벗겨진 채로 발을 동동 구르고 있었다. 온몸을 뒤흔들며 울던 아이는 나를 보는 순간 내 품으로 달려들었다.

"엄마 무서워. 무섭단 말이야!"

아이를 유치원에 맡기고 돌아온 지 채 한 시간도 되지 않아서였다. 떨어지기 싫어하는 아이를 떼어놓기를 망설이는 내게 선생님들은 걱정하지 말라며 다 알아서 하겠다고 했었지만 내가 돌아서는 순간 녀석은 자신을 버리지 말라고 애원하는 눈빛으로 나를 보았고 문을 닫기도 전에 울먹거렸었다.

우리 모자는 '분리 불안증'을 심하게 앓고 있었다. 녀석이 다섯 살이 될 때까지 남편은 이동이 잦았다. 6개월도 못 되어 이사한 적도 있었다. 덕분에 우리 식구는 찬바람이 휭 부는 전방 골짜기로, 그리고 중소도시로, 이곳저곳 낯선 곳으로 옮겨 다녀야 했다. 겨우 자리를 잡고 이웃과 인사를 나눌 때쯤 어김없이 다시 짐을 싸야 했다. 애당초 풀지 않은 이삿짐이 태반이었다.

혼자 먼저 새로운 근무지에 부임해서 눈코 뜰 새 없이 바쁜 군인 남편때문에 셋방을 구하고 짐을 싸고 이사하는 것은 오롯이 내 몫이었다. 이삿짐 트럭 앞자리에 아이들을 끼고 앉아 깊은 강원도 산길을 돌아 해 저물 때쯤 낯선 마을에 도착하면 한숨과 눈물이 주르륵 흘렀다. 그럴 때면 녀석은 유난히도 보챘었고 며칠씩 밖에 나가지도 않고 내 치마꼬리만 잡고 쫓아다녔다. 그리고 겨우 정든 아이들과 이별할 때면 아이는 가기 싫다고 발버둥을 쳤다.

이사할 때가 되면 대개 아이들은 서울 외가에 맡겼다가 이사가 끝난 뒤 새집으로 왔다. 그래서 아이들은 며칠 동안 외할머니 집에 간다고 말하면 "또 이사해?" 하고는 고개를 떨궜었다. 어떤 때는 편지 한 장을 주면서 짝꿍에게 전해 달라고 한 적도 있었다. 아이들을 맡기고 데려오고 할 때마다 가슴 한쪽이 서늘해지고 짠해 왔다.

그런 아이를 이끌고 비행기를 탔다. 남편은 이번에도 한 달 전에 먼저 훌쩍 떠났고 나는 아이들을 데리고 뒤따라가야 했다. 아이들은 외국 사람들을 보기만 해도 무서워했다. 키도 크고 콧수염도 기르고 눈도 파랗고 피부도 검은 세계 여러 나라 사람들이 모여 사는 곳이라 사실은 나도 겁이 났다. 처음 얼마 동안은 밖에 나가지도 못하고 그저 남편만 기다렸다. 혼자 시장도 못 가고 산책도 못 나갔다. 외국 사람들을 보면 혹시라도 말을 걸어올까 멀리 돌아서 걸었다. 어쩔수 없이 각종 행사나 모임에도 나갔지만 늘 가슴은 콩닥거리고 마음은 불안했다. 무서워할 것 없다고, 그들도 똑같은 사람이라고, 스스로 주문을 걸어봐도 마음은 늘 두려움에 떨고 있었다. 그런 녀석에게 맨 처음 가보는 유치원, 말 한마디 안 통하는 얼굴과 눈 색깔이 다르고 무섭게 보이는 세계 각국의 아이들이 모여 있는 낯선 세상은 얼마나 무서웠을까!

그래 엄마도 이곳이, 아니 이 세상이 두렵고 무섭단다. 그러니 너는 어떻겠니?

나는 울고 있는 아이를 으스러지게 껴안아 주었다.

"무섭지? 그렇지? 사실은 엄마도 무서워 죽겠어."

갑자기 코끝이 찡하더니 울컥하고 가슴이 요동쳤다. 눈물이 주르륵 흘렀다. 그러자 녀석은 울음을 뚝 그치고는 내 얼굴을 빤히 쳐다보았다.

"정말? 정말이야? 엄마도 무섭지? 그렇지?"

그리고는 훌쩍거리며 내 얼굴에 자기 얼굴을 비벼 대더니 '씩' 웃었다.

눈물 콧물로 뒤범벅이 된 아이의 얼굴을 닦아주며 나는 다짐했다.

'네가 무서우면 나도 무서워 해줄게'

아이의 두려움도 무서움도 아픔도 다 내 것으로 받아들여야 한다고 생각했다. 아니 아이와 같이 무서워하고 같이 아파해야 한다고 생각했다. 그래야 아이와 진정으로 통할 수 있는 것이다.

무섭지 않다고 두려워할 필요가 없다고 아이를 다그치거나 용감해지라고 떠밀지 말자. 그깟 일 아무 것도 아니라고 쉽게 말하지 말자. 같이 무서워하고 같이 떨어주자. 세상이 정말 두렵고 무섭고 힘들 때 누군가 자신처럼 약한 사람이 주위에 있다는 것만으로도 위로가 되고 용기를 가진다. 강하고 힘센 사람들로만 둘러싸여 있다고 생각하면 자신이 한없이 초라해질 수 있는 이 세상을 살아가면서 겪어야 하는 두려움도 무서움도 지극히 자연스러운 것이 아닌가?

이 어렵고 험한 세상. 같이 무서워하고 같이 힘들어하는 누군가가 아이에게 꼭 필요하다. 그리고 그 역할은 엄마가 해줄 할 수밖에 없다.

왜? 엄마니까! 그렇게 해 줄 사람은 세상에 엄마밖에 없으니까!

아이들에겐 강한 억척 엄마보다 갈대처럼 여리고 약한 엄마가 더 좋은지도 모른다.

비워둘 수 없는 엄마의 자리

멀리서 녀석의 발걸음 소리가 들려온다. 녀석의 발걸음 소리는 다른 아이들보다 더 터덕거렸다. 발로만 뛰는 가벼운 소리가 아니라 온 마음으로 온몸으로 달려오는 무거운 소리다. 일 초라도 빨리 집에 오고 싶어 하는 녀석의 마음이 전해져 왔다. 아파트 복도 창으로 바라보면 녀석은 벌써 아파트 마당을 가로지르고 있었다. 윗도리는 이미 반쯤 벗어져 어깨가 다 드러나 있었고 책가방은 한쪽 어깨에만 걸쳐진 채로 덜렁거리고 오른손에 들린 실내화 주머니는 빙빙 돌고 있었다. 그런데 다른 한 손에는 실내화가 들려 있는 게 아닌가. 신발을 갈아 신고 그걸 주머니에 넣을 새도 없이 들고 달려오는 것이다.

저 멀리 보이는 학교 교문에서는 이제 막 아이들이 걸어 나오는 모습이 보인다. 수업이 끝나자마자 부리나케 달려온 것이다. 이윽고 우당탕 아파트 계단을 뛰어 올라오는 소리에 쾅쾅쾅 문을 두드리는 소리가 들린다.

내가 기다렸다는 듯이 문을 열어 주고 팔을 활짝 벌리면 녀석은 내 가슴에 달싹 붙어 뺨을 비벼댄다.

화천에서도 파로호 물길을 따라 배후령 아래 깊숙이 들어 온 골짜기, 강원도 오음리에 이사 온 지도 한 달 남짓하건만 엄마밖에는 아직 녀석은 친구를 안 만들었나 보다.

나는 두 팔로 녀석을 꼭 안고 묻는다.

"준식이는 엄마의?"

녀석은 아직도 숨을 씩씩거리며 말한다.

"희망, 우주, 전부!"

이번에는 녀석이 묻고 말한다.

"엄마는 준식이의?"

"영원한 내 편!"

녀석은 그제야 안심한 듯 떨어져 나간다. 이 의식은 녀석이 고등학교에 들어갈 때까지 계속되었다. 그리고 녀석은 '변리사는 엄마 거야!'라고 자연스럽게 말했다.

나는 한 번도 아이들이 학교에서 돌아올 때 집에 없던 적이 없었다. 아이들이 열쇠로 문을 열고 아무도 없는 텅 빈 집에 들어오게 하는 것이 왠지 미안했다. 미리 와서 기다리고 있다가 꼭 안아주고 맛있는 간식도 만들었다가 오자마자 입에 넣어주고 땀 흘린 얼굴을 씻겨주고 학교에서 무슨 일이 있었는지를 들어주는 일이 나의 의무이고 할 수 있는 전부라는 생각이 들었다.

엄마 얼굴 보고 싶어 마구 달려왔는데, 아무도 없는 텅 빈 집에서 허탈해하는 아이들의 얼굴이 눈에 선해서 밖에 있을 수가 없었다.

아이들과 매일 그렇게 사랑을 확인하는 시간이 얼마나 소중한가!

아이들이 나의 전부이듯 내가 아이들과 함께하는 시간 또한 나의 전부가 되었던 것이다. 그리고 아이들이 그 사랑에 흠뻑 젖은 채로 하루하루를 살아가게 하고 싶었다.

아이들이 다 떨어져 사는 지금도 그게 버릇이 되어 해가 지기 전에 집에 돌아와야만 마음이 편안하다. 아이가 있어줬으면 하는 그 시간 그 장소에 있는 것이 소통의 처음이요 마지막이다.

소통은 타자에 대한 상상력이다. 엄마 관점에서 상상하는 것이 아니다. 아이의 이야기를 내 입장에서 듣고 내 욕망을 실현하려 하면 소통이 안 된다. 아이가 바라는 엄마는 무엇일까, 아이가 듣고 싶어 하는 이야기는 무엇일까 상상해야 한다. 그래서 나는 아이가 상상하는 그런 엄마가 되고자 노력했다.

아이가 원하는 시간에, 말하고 싶은 시간에 엄마를 보고 싶은 그 자리에 있고 싶어 했다. 집안 행사나 모임이나 볼 일이 있어서 외출했다가도 부대에 행사가 있어 참석했다가도, 심지어는 아이들 과외비라도 벌까 하고 가게를 하던 때에도 녀석들의 하교 시간에 맞추어 돌아오느라 허겁지겁 하다가 일도 제대로 못 보기 일쑤였고 가게를 닫아걸기도 했다.

"집 화로에 엿 붙여 놨어?"

한참 수다 떨다 말고 엉덩이를 떼는 나에게 친구나 친척들은 늘 빈정거렸다.

"엿보다 더 달콤한 걸 붙여 놨걸랑요~."

엿보다 달콤한 녀석들이 기다리는 집이 나에게는 행복하다.

그 어느 곳보다도 더!

사랑의 도시락 편지

아이들이 학교에서 돌아오면 나는 늘 도시락 뚜껑부터 열었다. 그 속에는 내가 아이에게 보낸 쪽지와 녀석들의 답장이 들어 있었다.

"아들아 꼭꼭 씹어 먹어. 물 먼저 먹고."

"배가 고파서 그냥 밥부터 먹을 뻔했어요."

"네 얼굴 닮은 동그랑땡이야. 나눠 먹어."

"진희가 동그랑땡 넘넘 맛있대요."

그뿐이 아니었다. 수업 시간표를 보고는 교과서 책갈피에 쪽지를 끼워 놓기도 했다.

"점심 먹고 나니까 너무 졸리지? 기지개 한 번 펴봐!"

"네가 싫어하는 수학 시간인데 어쩌니? 엄마도 수학이 짱 싫었는데."

어느 때는 날씨 이야기도 썼고, 어느 때는 좋은 문구도 넣어 주었다.

"아들아, 세상을 품어라!"

"딸아, 너의 미소로 교실을 밝게 해주렴."

아이들이 학교생활에 힘들어하는 날이나 아이들과 트러블이라도 있는 날이면 못다 한 이야기를 쓴 장문의 편지가 들어 있을 때도 있었다. 어느 날은 그냥 '너무 사랑해 아들' '너무 소중한 내 딸'이라고 쓰기도 했고 그냥 하트만 가득 그려 보내기도 했다.

포스트 잇 쪽지의 밝고 아름다운 색깔처럼 엄마의 사랑도 예쁘게 전해지길 바라는 마음으로 나는 매일 무언가를 던져주어야 하는 안달이 엄마였다. 항상 시간이 부족해서 쫓기는 아이들, 부모와의 대화를 어색해하는 녀석들과 속내 이야기를 주고받기에는 이보다 더한 것이 없었다.

나는 늘 그렇게 아이들과 대화를 나누었다. 아이들도 도시락을 열 때마다 오늘은 엄마가 어떤 편지를 썼을까 기대가 되고 어쩌다 편지가 안 들어 있으면 그렇게 서운했다고 한다.
"그런데 엄마는 언제 편지를 썼대? 그 바쁜 아침 시간에….”
그리고 어떻게 매일매일 다른 내용으로 편지를 쓸 수 있느냐고 이제 갓 엄마가 된 아이가 물어온다.
"너희는 나의 전부 아니니?"
맛있는 도시락을 싸주고 그것을 맛있게 먹을 아이들을 생각하면 편지를 쓰지 않고는 못 배기는 걸 어쩌란 말이냐? 그리고 녀석들 얼굴을 떠올리면 저절로 하고 싶은 얘기가 샘물처럼 퐁퐁 솟아 나오는데 어찌 쓰지 않고 견딜 수 있단 말이냐?
도시락 편지뿐이 아니라 시험을 앞두고 있을 때나 입대하는 날,

결혼해서 떠나는 딸아이에게 장문의 편지를 직접 써서 넣어주기도 했다. 휴대전화 메시지를 넣어주기도 했지만 나는 이렇게 손으로 직접 쓰는 손 편지를 좋아한다. 한창 막바지 시험 준비 중인 아이에게 이런 편지를 쓰기도 했다.

> "이 세상 어느 사람이라도 처음부터 마음먹은 대로 되는 사람은 없단다. 다만 삶을 주도해 가느냐 이끌려 가느냐가 다른 것이다. 잘 안 되고 힘들수록 자기최면을 통해 무엇이든 성공할 수도 있는 거란다. '인내는 쓰다. 그러나 그 열매는 달다'라는 흔한 속담을 명심하고 노력한 자만이 후회 없는 인생을 누릴 자격이 있단다. 얼마 남지 않은 기간 마음 잘 다스려 진정한 승자가 되길 간절히 기도한다. 넌 내 삶의 전부고 곧 나의 우주란다.
>
>   – 2011년 7월 30일 11시 20분

이런 나의 소통방법을 부러워한 남편도 가끔 아이들에게 편지를 남겨서 대화하기도 하고 딸아이 결혼식 날에는 축시를 써서 읊어주어 손님들과 아이들을 울리기도 하였다.

얼마 전 미국에서 출산한 아이를 도와주고 귀국하는 날에도 편지를 써놓고 왔다. 이제 나와 같이 엄마가 된 딸아이에게 엄마가 된다는 의미를 되새겨주고 이를 지켜본 늙어가는 엄마의 마음을 적어 놓고 나왔다. 그 후 한참을 전화할 때마다 울먹여서 미안했다. 하긴 나도 그 편지를 쓰면서 얼마나 울었는지 모른다. 지금도 가끔 긴 편지

를 썼을 때를 기억하면 가슴에 촉촉하게 물이 흐른다.

아이들이 한 마디 한 마디 삶의 고개를 넘을 때마다 그런 순간순간을 기억하도록 만들어주고 그런 순간의 의미를 한 겹 더 깊이 새기도록 도와주는 것이 내 아이들의 삶을 보다 풍요롭게 만들어주는 것이 아닐까?

힘들고 어려울 때 늘 자신을 지켜보고 응원하는 엄마가 있다는 사실을 더해 주는 것, 그래서 아이들이 삶을 보다 자신있고 정성스럽게 살아가게 하는 것이 엄마의 사랑이요, 의무가 아닐까?

이 도시락 메모는 아이의 논술과 변리사 시험에도 큰 도움이 되었다.

아이들도 내게 답장을 쓰기 시작했고 그러다 보니 생각을 정리하고 긴 이야기를 짧고 아름답게 요약해서 표현하고 자연스럽게 또박또박 예쁜 글씨를 쓰는 습관이 들게 되었다. 원래 악필이었던 녀석은 제한된 시간에 답안지에 빽빽하게 답안을 써내야 하는 변리사 2차 시험 답안지를 '메모지 답장' 쓰듯 글자를 '박아 넣었다'고 했다.

옛날 과거시험에서 인재를 선발하는 기준으로 '신언서판身言書判'을 적용했다고 한다. 신언서판이란 용모, 언어, 글씨, 판단력을 말하는데 그중에 '글씨書'가 두 번째로 들어있다. 글씨를 또박또박 써내려가다 보면 생각도 정리되고 성격도 차분해지고 참을성과 집중력도 길러진다.

얼마 전 초등학교 학생을 대상으로 손 글씨를 쓰게 했더니 차마 읽을 수 없을 정도로 엉망이더란 기사를 읽은 적이 있다. 워드프로세서나 문자 메시지 세대의 아이들에게는 자판 두드리기가 더 쉬운 것이다. 컴퓨터가 주인인지 사람이 주인인지 모호해진 이 21세기 속도전의 시대에 아이들의 인성을 차분하게 길러주는 데에는 손글씨만 한 것이 없고 그런 손 글씨를 자연스럽게 습관을 들여 주는 데는 도시락 쪽지만 한 것도 없다는 생각이 든다.

나는 계속해서 아이들에게 손 편지를 쓸 것이다. 전화, 이메일, 문자 메시지, 카카오톡이나 페이스북 같은 것으로는 절대 대신할 수 없는 사랑의 손 편지!

오늘도 나는 편지를 받고 좋아할 아이의 얼굴을 그려보며, 벅차할 아이의 가슴을 느껴보며, 살며시 떠오를 미소를 생각하는 내 마음을 흠뻑 적셔 한 자 한 자 적는다.

편지를 쓰는 그 순간은 아이와 나의 사랑과 정성이 서로 소통하는 순간이 아닐까? 매일매일 짧지만, 정이 뚝뚝 묻어나는 도시락 쪽지를 쓰던 그때, 그때의 아이들이 그립다.

줄탁동시 – 호흡까지도 맞춰라

언제부턴가 암탉 한 마리가 닭장 한구석에 쪼그리고 앉아 꼼짝도 않는다. 이제 막 알을 품기 시작한 것이다.

지난봄, 파장 무렵 읍내 오일장에 나갔을 때 아이들 주먹만 한 토종닭 병아리 몇 마리를 광주리에 담아 나온 할머니를 만났다. “손녀 생일에 땡땡이 원피스 사주려고 그랴!” 소매를 잡는 할머니의 손길을 차마 뿌리치지 못하고 손바닥 위에서 꼬물꼬물 톡톡 쪼는 작은 부리의 감촉에 못내 엉덩이를 일으키지 못하는 아이들 뒤통수에 대고 “한 마리만 주세요.” 하고 말았다.

하지만 “한 마리 갖고 뭐 한대유?” 하는 할머니와 “병아린 내 꺼야. 손대지 마!” 하며 다투는 아이들, 그리고 무엇보다도 서로 날개를 부비며 깃털을 쪼아대는 녀석들을 차마 떼어 놓기가 그래서 그만 “다 주세요!” 하고 말았다.

손녀 옷 고르러 갈 마음이 앞선 할머니는 “한 마리는 덤이유.” 검게 파인 주름살 위로 환한 햇살 같은 인심으로 담아 주었고 아이들은 그저 팔짝팔짝 뛰었다.

그렇게 우리 집 식구가 된 병아리들은 어느새 장닭이 되어 새벽마다 "꼬끼오!" 소리로 잠을 깨웠고 암탉은 매일매일 따끈한 달걀을 먹게 해주더니 급기야 들어앉아 알을 품기 시작했다. 제대로 먹지도 않고 마시지도 않으면서 하루 종일 둥지에 들어앉아 아무도 가까이하지 못하도록 서슬 퍼런 눈동자를 치켜떴다. 저러다 영양실조로 신경 과민으로 쓰러지지나 않을까 걱정이 되었다.

두어 주나 지났을까, 늘 앉아만 있던 암탉이 벌떡 일어서서 품고 있던 달걀을 정신없이 쪼아대는 것이 아닌가! 그렇게 애지중지하던 알들을 깨뜨리고 있는 것이다. 오랫동안 알만 품느라 스트레스가 심해진 건 아닌지 발만 동동 구르고 있는 나에게 남편이 웃었다.

"병아리가 나오기 쉽도록 껍질을 깨주는 거예요! 안팎에서 동시에 깨야 쉬운 법이거든."

가만히 들여다보니 암탉이 쪼고 있는 달걀 안에서도 톡 톡 톡 작은 움직임이 보였다. 한참을 안과 밖에서 톡톡 거리더니 마침내 달걀 껍데기가 반으로 갈라지며 노란 병아리가 꼬물꼬물 모습을 드러냈다. 녀석은 뒤뚱거리며 어미 날갯죽지 속으로 파고들었다. 그렇게 여덟 마리의 병아리가 다 깨어나 어미 품 안으로 숨어들 때까지 어미와 새끼의 협동작전은 계속되었다.

때가 되어 세상 밖으로 나오려는 병아리의 신호를 알아채고 껍질이 얇은 쪽으로 인도하는 어미, 그리고 어미 닭이 쪼아주는 대로 따라 하는 병아리.

어미 새가 알을 품어서 부화할 때가 되면 새끼 새가 알 안에서 톡톡 쪼는데, 이것을 '줄^啐'이라 하고 밖에서 기다리던 어미 새가 이 소리를 듣고 탁탁 쪼아 부화를 돕는것을 '탁^啄'이라 한다.

이렇게 '줄'과 '탁'이 동시에 이루어져 새로운 생명이 탄생한다. 자신의 존재 의미를 자꾸만 뒤덮는 삶의 껍질들을 벗어 던지기 위하여, 이처럼 '줄'이 있을 때 어미 새가 그 소리를 듣고 '탁탁' 도움을 주듯이 새로운 생명으로 탄생하는 것. 말로만 듣던 줄탁동시^{啐啄同時}의 현장을 나는 가슴 졸이며 지켜보았다. 맨 처음 병아리의 작은 부리가 보이고 까만 눈동자가 두리번거리고 보송보송한 머리를 내밀고, 깨진 껍질을 딛고 우뚝 그 작은 두 발로 설 때의 그 감동!

병아리는 어미 닭이 구구하고 부르자 삐악삐악 소리 내며 쏜살같이 품 안으로 숨어버린다. 스무하루 동안 온몸으로 온 힘을 다해 알을 품으면서 이심전심 서로의 마음이 통하게 된 걸까? 서로 교감하는 텔레파시의 주파수가 저절로 맞춰진 것이다.

그래서 사람도 태교를 하지 않는가? 또 태아도 엄마의 심장박동을 통해서 엄마의 감정을 알아챈다 하지 않는가!

그래서 때가 되어 삐약거리는 소리를 내는 달걀만을 골라 어미는 껍질을 깨주고, 그 소리를 따라 병아리도 같이 안에서 쪼아 그 두꺼운 껍질을 깨고 세상 밖으로 나오는 것이다.

줄탁동시! 또 하나의 생명이 탄생하는 그 오묘한 소통과 일치의 타이밍의 신비! 그리고 그 오묘한 상승작용의 과학!

어미가 껍질 속의 병아리 상태를 알지 못하면 때맞춰 쪼아 줄 수 없을 것이고 병아리 또한 어미의 깨는 소리를 듣지 못하면 세상에 태어날 수 없음이리라. 아직 준비가 덜 된 달걀을 쪼거나 시간이 지나서야 쪼아주면 건강한 병아리가 태어날 수 없다. 그 호흡의 일치는 스무하루 동안 온몸과 마음을 다하여 자신의 체온을 전해 준 어미의 정성에 있다. 그 오묘한 타이밍과 상승작용의 신비도 결국 위대하고 성스러운 모성본능의 결과인 것이다.

아이를 키우고 교육하는 것도 마찬가지란 생각이 들었다. 아이에게 무엇이 필요하고 언제 필요한가를 알아채는 것, 아이가 엄마에게 보내는 신호를 늦지 않게 알아채고 아이들에게 시기적절한 도움을 보내는 일. 그것이 엄마와 아이 간의 줄탁동시가 아닐까?

아이와 눈만 맞춰도, 울음소리만 들어도 배가 고픈지 기저귀를 갈아줘야 하는지를 알아채던 그 자연적 모성본능을 우리는 왜 시간이 흐르면 잃어버리는 걸까?

아마도 아이보다 나를 먼저 생각해서일 것이다. 아이들이 뭘 원하는지 알려고 하기보다 내가 원하는 아이가 되어주길 바라기 때문일 게다. 남보다 더 나은 아이가 되어야 한다는 욕심, 남한테 지고는 못 사는 경쟁심, 내 아이만 잘되면 그만이라는 이기심 때문에 우리 어머니들은 그 숭고한 모성본능을 잃어버리고 만 것은 아닌지 모르겠다.

노란 병아리 떼가 어미를 졸졸졸 따라다니고 어미는 새끼들이 먹기 좋은 먹이를 찾아 땅을 파헤쳐 준다. 그리고 적당한 시기에 날갯죽지에 품어 쉬게 해주고 보호해주는 모습을 보면서, 문득 우리가 모두 줄탁동시의 본능으로, 임신과 출산 초기의 모성으로 돌아가 아이를 먼저 생각하고 아이에게 엄마의 전부를 준다면 아이들도 엄마가 원하는 대로 따라와 주지 않을까 생각해 본다.

아이들이 엄마의 사랑에 흠뻑 빠질 때, 그리고 엄마가 자신이 아닌 아이를 먼저 위할 때, 아이와 엄마의 줄탁동시는 여전히 그 빛을 발할 것이다.

자연에서 배우는 것들

"아이 귀여워라. 근데 얘는 언제 개~풀이 돼? 엄마?"

보송보송하게 뻗은 강아지풀 꼬리를 쓰다듬던 아이가 뜬금없이 내뱉은 말이다.

"응? 그게 무슨 말이야?"

무심코 대꾸하자 아이는 답답하다는 듯이 재차 물었다.

"얘가 언제 커서 개가 되느냐고요?"

그제야 아이의 질문을 알아차린 우리는 배꼽을 잡았고 녀석은 오히려 눈을 똥그랗게 뜬다.

"어디가 가장 기억에 남아?"

어려서 유난히 이사를 많이 다닌 아이들에게 물었더니 이구동성으로 "오음리요!" 한다.

지금은 화천으로, 양구로 가는 4차선 도로도 훤하게 뚫리고 터널이 생겨서 사통팔달이 되었지만, 월남전 파병 교육대가 있었던 그곳은 당시만 해도 화천에서는 구만리 고개를, 춘천에서는 배후령 고개 비포장도로를 굽이굽이 넘어야 갈 수 있었던, 우리가 살았던 곳 중에서 가장 시골이다. 짧은 겨울 해가 다 넘어간 12월 말, 이삿짐과 네 식구를 실은 트럭이 파로호를 끼고 달렸다. 그 두려움보다 더한 알 수 없는 불안감, 그 낯선 느낌. 그대로 차를 돌리고 싶은 마음을 억누르며 서울에 근무하라는 명령을 뿌리치고 산골 전방근무를 자처한 남편에게 기어코 한마디 하고 말았다.

"이제 당신 혼자 몸이 아니잖아요. 아이들 교육은 어떻게….”

'훅' 덩어리 같은 게 치미는 바람에 말을 삼키고 차창 밖 어둠 속 검은 호수만 바라보았다.

"꽃도 따고 산딸기도 따 먹고….”

"메뚜기도 잡고 송사리도 잡고….”

초등학교를 아홉 군데나 다닌 큰 아이가 한 해를 온전히 학교에 다니고 아들 녀석이 병설 유치원을 다닌 유일한 곳. 포장도로가 아닌 논둑길, 소달구지 길로 시냇물을 건너고 고개를 넘어가며 학교에 다닌 곳. 학교 앞 문방구나 분식집 대신 아이들 키보다 더 큰 해바라기며 코스모스가 하늘거리고 만홧가게나 게임기 앞 대신 냇가에서 호랑 제비나비 쫓고 개구리 잡느라 흙투성이가 되던 곳.

도시에서 자란 나는 한숨부터 나왔었고 빠져나갈 날만 손꼽으며 기다렸던 곳이지만 농촌 출신인 남편, 사막에 떨어뜨려도 5분 안에 라면을 끓인다는 적응력 만점의 군인 아빠는 오히려 물 만난 물고기처럼 좋아했다.

"사람은 땅 냄새를 맡아야 해!”

봄이면 산으로 들로 아이들을 끌고 다니며 더덕이며 냉이며 취나

물을 가득 뜯어오고 진달래, 원추리, 하늘말나리를 한 아름 꺾어 왔다. 여름이면 용화산 계곡에서 다슬기며 가재를 잡고 파로호로 들어가는 큰 개울에서 투망도 하고 견지낚시도 하고, 가을이면 알밤이며 머루, 다래, 으름을 따느라 시간 가는 줄 몰랐다. 사방이 온통 하얀 눈으로 덮이면 아이들은 눈사람 만들고 썰매 타기에 추위 같은 건 까맣게 잊어버렸다.

관사 옆 작은 텃밭에서 상추며 열무를 가꾸느라 땀을 흘렸고 닭장 안에는 어미 닭이 노란 병아리를 몰고 하얀 깃털이 반지르르한 오리와 눈이 빨간 토끼들이 뛰어다녔다. 그 사이에서 아이들도 그냥 자연의 일부가 된 듯 사이좋게 몰려다녔다.

올챙이를 어항에 가득 채운 날, 무엇을 먹일 거냐고 묻자

"응, 개구리밥!" 하고 도시락 가득 논에서 떠온 개구리밥을 보여주기도 하고, 눈사람이 추울까 봐 낑낑거리며 집안으로 끌어들이기도 했다.

엄마 토끼가 보고 싶어 울고 있다고 새끼 토끼를 껴안고 자더니 다음날 가방 가득 자운영 꽃을 뜯어 넣고 책이며 필통은 논바닥에 던져 놓고 왔다.

"아기토끼가 향기나는 풀이 먹고 싶대요."

인근 농가에 가서 소등에 타고 낄낄거리기도 하고 까만 염소를 끌고 다니기도 했다. 스스럼없이 맨손으로 닭장이나 토끼장 배설물을 치우고 나는 보기만 해도 징그러워 비명을 지르는 지렁이며 벌레는 물론 새끼 뱀까지도 잡아서 집으로 가져왔다.

나는 하루에도 몇 번씩 우리 아이는 물론 같이 따라온 시골아이들 얼굴과 손발을 씻기고 양말을 빨아주고 옷을 갈아입히고 간식을 만들어 먹여야 했다. 농사일에 정신없이 바쁜 부모를 둔 그곳 아이들은 우리 집에 오면 몰라보게 변신해서 돌아갔다.

아이들은 그 후 도회지에 살면서도 길에서 만나는 동물은 물론 길가에 난 풀 한 포기도 사랑스럽게 보고 만지곤 했다. 녀석들은 지금도 개미나 거미 같은 곤충이 집안에 들어오면 손으로 잡아서 밖으로 내보낸다. 우리 집안에는 에프킬라나 파리채가 없다.

산골 마을에서의 한 해 동안 아이들은 자연과 대화하는 법, 가까이 지내는 법을 배웠다. 그리고 그 강원도 오지의 산골 오음리의 자연은 세상의 모든 식물이나 동물들이 생명을 가진 소중한 존재이고 세상의 모든 사람이 차별 없이 소중하다는 것을 알게 해주었다. 동물이든 식물이든 우리와 똑같은 생명을 가지고 똑같이 생각하고 느끼며 진심으로 가까이 다가가고 사랑을 나누어 주면 똑같이 사랑을 나누어 준다는 것을 깨닫게 해주었고 아무리 작은 생명이나 물건도 존재할 가치가 있는 존엄한 것이라는 것, 그리고 이것들이 서로 얽히고설켜서 살아가는 것이라는 것을 스스로 알게 해 준 위대한 스승이었다.

사방 높은 산으로 둘러싸인 오음리의 작은 하늘은 오히려 아이들에게 자연과 사람을 포용할 수 있는 더 넓은 마음을 갖게 해 주었다.

엄마는 죽어도 내 편

아들이 KAIST 대학원에 국비 장학생으로 합격한 날, 모처럼 남편과 함께 외식을 했다. 그동안 군대 다녀오랴, 고시 공부하랴, 대학원 준비하랴, 이중 삼중 부담에 시달린 녀석에게 영양보충도 시켜주고 사기도 올려주고 싶어서였다.

"아들! 수고했어. 대한민국 최고의 학교에서 공부하는 거야. 자랑스럽다."

아빠가 아들에게 맥주를 한 잔 따라 주며 말했다. 남편은 아이들에게 일찍부터 술을 가르쳤다. 몰래 숨어서 마시지 말고 어른에게 제대로 배워야 한다는 것이었다. 그런데 어른 앞이라고 해서 고개를 돌리고 마시지 말라고 했다. 술은 기분 좋게 마시는 음식이고 서로의 마음을 소통하는 수단이니 만큼 서로의 눈을 맞추면서 마셔야 한다는 것이었다.

녀석은 오랜만에 아빠가 따라 주는 술잔을 받고는 기분이 좋아졌다.

"난생처음 아빠가 칭찬해 주네요. 기분이 좀 이상해요."

순간 남편의 얼굴이 굳어졌다. 나도 '헉' 소리가 가슴 깊은 곳에서 들리는 듯했다.

녀석도 무심코 내뱉어 놓고는 '아차' 싶었는지 얼른 술잔을 들이

켰다.

하지만 아빠는 태연한 척 말을 받았다.

"무슨 소리야? 아빠는 늘 네가 자랑스럽고 늘 칭찬만 해 왔는데…."

"에이, 그건 엄마가 시켜서 하신 거잖아요!"

녀석은 말없이 아빠에게 잔을 내밀었다.

"엄마는 늘 제 편이었어요.그런데 아빠가 칭찬하면 겁이 나요. '더 잘해야 해. 인마' 하는 무언의 압력 같은 거요."

그랬다. 중학교 때부터 혼자 읍내에서 자취하면서 시작한 남편의 조기 독립생활은 늘 스스로 문제를 해결하고 현재와 미래를 설계하고 준비하면서 살아야 하도록 만들었다. 그러다 보니 늘 혼자 공부하고 시간을 쪼개어 앞날을 위해 준비하는 것이 습관이 되어 있었다. 아이들이 훌쩍 컸을 때에도 군사학이며 영어책을 손에서 놓지 않았고, 미국으로 영국으로 유학을 떠났다.

아이들에게도 자신의 생활방식을 은근히 요구했다. 그래서 '이것도 해봐라' '이 책도 읽어라' '이런 운동도 해야 한다' 하면서 좋은 것은 모두 시켜보고 싶어 했다.

"다 너희 잘되라고 하는 거야." 하면서.

게임에 빠져 있거나 만화책을 쌓아 놓고 보기라도 하면 "그렇게 할 일이 없냐?"며 못마땅한 표정을 감추지 않았다. 어느 때부터인가 아이들도 아빠가 오실 시간이면 얼른 공부하는 척하거나 아빠가 하자고 하면 싫은 내색을 하지 않고 따르는 척하기 시작했다.

아빠의 군대식 FM 사고와 생활방식이 아이들에게 조금씩 부담이 되면서부터 아빠에게 마음을 열어주는 것이 점점 줄어드는 것이 내 눈에 보이기 시작했다.

물론 아빠의 말씀을 거역하거나 반항하지는 않았지만, 자기들의 이야기를 진솔하게 털어놓기보다는 아빠가 좋아할 만한 행동이나 말만 골라서 하고, 아빠의 이야기를 일방적으로 건성으로 들어주었다. 늘 같이 있는 아빠도 아니고 아이들도 자기 공부에 바빠지니 아빠와 같이 하는 시간도 점점 적어졌고 마음 나누기가 쉽지 않은 것이 너무도 안타까웠다.

어느 날, 남편에게 전화를 했다.

"오늘 아이들을 혼 좀 냈으니 통닭 좀 사오세요. 모른 척하고 잘한다고 칭찬만 해요."

그리고는 아빠가 오기 직전에 아이들을 지난 일까지 한꺼번에 몰아서 닦달을 했다.

"악역은 내가 다하고 있으니 당신은 그저 아이들과 놀아만 주세요."

눈치 빠른 남편은 그 후로 아이들과 같이 놀아주고 칭찬만 했다. 아이들에게 게임도 가르쳐 달라고도 하고 영화도 같이 보고 만화책도 같이 보고 맛있는 것도 사주면서 제법 가까워지는 듯했고 아이들도 제법 아빠에게 속내도 터놓는 것 같았다. 그런데 오늘 그것이 사실이 아니라는 것이 판명된 것이다. 아이들은 이미 아빠와 나의 의도를 간파하고 아빠의 구애를 받아들인 척한 것이었다.

아이들에게는 누군가 늘 자신의 편에 서주는 사람이 있길 바란다. 뭔가를 바라지 않고 시키지 않고 싫어하지 않고 무조건 자기편을 들어 줄 사람. 엄마한테 혼나고 달려가면 "아이고 내 새끼! 누가 그랬어. 엄마 떼찌!" 하고 엉덩이 토닥여주는 할머니 같은 사람.

무조건 자기를 믿어 줄 사람. 자기만을 위해 줄 사람이 필요하다. 그리고 그런 사람에게 보답할 무언가를 하고 싶어 한다. 그가 원할 것 같은 일을 찾아서 하고 그 사람이 바라는 사람이 되려고 한다. 그리고 아이도 그 사람 편이 되고 싶어 한다.

그렇게 절대적인 응원을 받는 아이는 늘 모든 일에 자신이 있고 활기차다. 믿는 구석이 있으니 다시 도전할 힘이 생긴다. 바라지 않고 주기만 하고, 의심하지 않고 믿어만 주고, 언제나 내 편인 사람이 되어 주는 것. 이것이 진정한 소통이요, 사랑하는 방법이 아닐까?

"엄마는 죽어서도, 내가 살인을 해도 내 편을 들어줄 것 같아요."
그리고는 싱긋 웃었다.
"물론 아빠도 내 편이고요."

추운 지방의 나무가 더 단단하다

내 아이는 내가 키운다

장님 코끼리 만지기

빨리 가면 놓치는 것들

기다림이 우리에게 주는 것

느긋함에서 배운다

 아이의 속도에 맞춰라

추운 지방의 나무가 더 단단하다

우리 아이들은 과학고나 외국어고 같은 특목고도 다니지 않았다. 일류대학에 합격한 학생들이라면 한 번쯤은 받았을 법한 족집게 과외도, 유명강사가 즐비한 입시 명문 학원 근처에도 가지 않았다.

작은 녀석은 걸음마도 늦었고 말도 늦게 배웠다. 큰 아이는 다섯 살 때 한글을 떼었지만, 녀석은 초등학교 입학하고 나서 겨우 한글 공부를 시작했다. 유치원에 가서는 울고 뻗대는 바람에 하루 만에 하차했다. 가는 곳마다 왕따에 시달렸고 책을 주면 금세 집어던졌지만, 블록을 손에 쥐면 온종일 꼼짝도 하지 않고 놀았다.

아들 녀석은 시험만 치르고 나면 으레 PC 방에서 친구들과 밤을 새워 게임을 즐기고 농구나 인라인스케이트, 자전거로 운동장이나 거리를 누비느라 해지는 줄 몰랐다. 딸아이는 '날라리 아냐?' 소리를 들을 정도로 멋을 부리고 친구 사귀기에 관심이 많았다. 놀이며 운동을 좋아하는 자유로운 성격을 가진 터라 성적 걱정은커녕 그저 즐거운 생활을 하는 아이들이 오히려 부러웠다.

상장이며 상패를 가득 진열해 놓고 만날 때마다 "우리 애가 얼마나 똑똑한지 몰라. 얘" "크게 될 아이래. 선생님이….." 해 가면서 침을 튀기는 친구. 영재 교육을 한다고 음악이며 미술 같은 예능에 투자하는 친구를 만나면 왠지 주눅이 들고 부러움에 마음이 상해서 며칠씩 밥맛이 없었다.

이러다가 우리 아이가 영원한 열등생이 되는 건 아닌지, 아니 내가 열등 엄마가 되는 것은 아닌지 불안함에 억눌려 지냈다.

도대체 어디서부터 풀어나가야 할지 도통 갈피를 잡을 수가 없었다. 막무가내로 잡아 앉혀 공부를 시키자니 가뜩이나 학교나 공부에 흥미 없어 하는 녀석들에게 오히려 더 거부감을 일으킬 것 같았다. 학원이나 과외를 서둘러야 하겠지만 그럴 만한 경제력도 없고 마냥 내버려 둘 수도 없고 진퇴양난이었다.

그렇다고 포기할 수는 더더욱 없었다.

여러 날을 끙끙 앓았다. 지인들에게도 물어보고 전문가 상담도 받아 보고 기도도 해 봤다.

그때 어느 스님이 거꾸로 나에게 물었다.

"공부는 누가 하는데요?"

"네?" 의아해하는 나에게 한마디 덧붙인 말.

"애들이 공부하고 싶어 할 때까지 기다려 보세요. 본인이 할 것도 아니면서 깝치지 말고."

사실 교육에 실패하는 원인에는 엄마의 지나친 욕심과 리드 때문인 경우가 많다. 아이는 준비도 되어 있지 않은데 엄마의 욕심과 강요에 끌려가다가 결국 성적도 오르지 않고 부모와 자식 간 사이마저도 망치게 된다. 자식이 따라주지 않으면 내가 아무리 욕심을 내어도 욕심을 내서도 되는 일이 아니다.

말을 물가에 끌고 갈 수는 있어도 물을 먹일 수는 없지 않는가!

엄마의 역할이란 아이들이 공부하는 것을 좋아하게끔 자연스럽게 뒤에서 여건을 조성해야 하는 것이 아닐까.

천천히 가기로 했다. 녀석들이 스스로 물가로 가서 스스로 물을 먹으려 할 때까지 목이 마르게 해주어야 한다.

어차피 인생이란 마라톤이지 100m 달리기가 아니지 않은가! 아이들은 마라톤 출발선에서 몸 풀기를 하고 있는데 나는 마지막 피치를 올리라고 소리치는 코치나 다름없었다.

엄마는 마라톤 페이스메이커가 되어야 한다. 우선 나부터 제대로 몸을 풀고 아이들과 같이 뛰기로 했다. 마실 것 먹을 것 등에 짊어지고 손에 시계를 들고 앞에서 뛰기도 하고 나란히 서서 달리기도 하고 뒤에서 응원도 해야 한다. 같이 뛰면서 방향도 알려주고 때맞춰 물도 주고 간식도 주고 스피드를 내야 할 때, 쉬어야 할 때, 페이스 조절할 때를 알려주어야 한다.

우선 나부터 거북이가 되어야 했다. 엄마가 냄비 죽 끓듯 자지러지면 아이들은 활화산 용암 터지듯 해야 할 테니까.

욕심을 내지 않고 보니 현재 아이들의 상황과 내 현실이 더 정확하게 보였다. 아이들이 힘들어하는 코스, 좋아하는 코스도 보였다. 내가 할 수 있는 부분과 할 수 없는 부분도 보였다.

삶이란 목표를 향해 곧바로 날아가는 화살이 아니다. 종이배처럼 물결 따라 바람에 흔들리며 여기저기 부딪혀 가며 흘러가는 것이다.

우선 아이들이 타고 갈 종이배를 접어야 한다. 아이들이 타고 갈 종이배를 어느 강물에 띄울지, 얼마만큼 갈 수 있는지 살펴보았다. 아직은 하위권에 머물고 있지만 조금씩 나아지고 있음을 발견한 것도, 아이들이 공부를 포기하지 않고 있음을 발견한 것만도 큰 기쁨이었다.

욕심을 내지 않으니 오히려 즐겁고 행복했다. 작은 것에 기뻐하고 만족할 수 있었다. 더 나아질 수 있다는 희망과 해낼 수 있다는 긍정적 사고를 가져다주었다.

백 점을 맞고 1, 2등을 다투지 않아도 조금씩 점수가 높아지고 석차가 오르는 것만으로 행복해졌다. 한 발 한 발 나아가다 보니 어느 순간 중턱을 넘어서고, 멀리 정상이 손에 잡힐 듯 다가왔을 때의 기쁨. 분명히 정복할 수 있다는 자신감으로 가슴이 꽉 차오를 때의 희열을 느꼈다.

남보다 더 빨리 가려고 경쟁하지 않아도 좋으니 잘하는 사람이 부럽지 않았고 못하는 사람 무시하지 않을 수 있었다. 너무 많이 나아가지 않아도 너무 많이 이루지 않아도 하루하루가 새롭고 즐거워졌다.

천천히 가도 되니 놀 것 다 놀고 구경할 것 다하며 갈 수 있었다.

이렇게 천천히 가면 행복해 질 수 있는 걸 괜스레 초조해하고 허덕거렸다 싶었다.

시험 때마다 5등씩, 10등씩 석차가 올랐다. 점수도 그만큼씩 상승했다.

천천히 원리를 탐구해가며 모르는 것은 알 때까지 파고들어 가며 공부하다 보니 자연 기초가 튼튼해지고 응용력도 생기고 나름대로 자기만의 공부방법도 찾아내서 어느 순간 가속도가 붙어 거침없이 질주하기 시작했다.

선생님도 친구도 나도 본인도 의식하지 못한 가운데 어느 순간 녀석들은 '공부 잘하는' 우등생이 되어있었다. 또한, 밑에서부터 올라가다 보니 응원하는 친구들도 많아졌다. 자연히 반장이며 회장 같은 것도 맡아 리더십도 경험하게 되었다.

처음에 웃는 사람이 마지막까지 웃는 것은 아니다. 우리 아이들의 무대는 항상 처음부터 화려할 수는 없다. 아이가 성장이 늦는다고 성적이 부진하다고 초조해하거나 조급해져서 온갖 단방 처방을 내려서는 안된다.

추운 곳에서 천천히 자라는 나무가 더 단단한 법. 속도가 느린 1단 기어가 힘이 더 강하다.

자신의 무대가 생각보다 늦게 오는 보통 아이를 가진 우리 부모들에게는 단박 효과보다는 원리를 이해하고 기초를 다져가는 거북이 공부법, 클라이맥스를 향하여 천천히 그리고 꾸준히 나아가는 슬로우 에듀케이션만이 그 해답이 아닐까?

내 아이는 내가 키운다

집안이 넉넉해서 또는 부모가 좋은 직업을 가지고 있어서 돈 걱정 크게 안 하는 친구나 여러 가지로 교양 있는 취미나 문화생활을 즐기는 친구를 볼 때마다 너무 부러웠다. 그보다는 좋은 학원 좋은 과외 선생을 만나 수준 높은 공부를 해서 좋은 성적을 내고 어려운 문제를 척척 풀어내는 친구들이 제일 부러웠다. 그래서 내 아이들만큼은 그렇게 키우고 싶었다.

어려서 '나는 부잣집에 시집갈 거야, 아니 부자가 될 거야' 하는 말을 입에 달고 다녔다. 아이를 키우게 되었을 때쯤에는 8학군이니 명문학교니 특목고니 족집게 과외니 억대 과외 선생이니 하는 단어들이 또 나의 부러움의 대상이 되었고 우리 아이들에게도 그런 혜택을 받게 해주는 잘난(?) 부모가 되고 싶었다.

하지만 현실은 나에게 그런 사치를 주지 않았다. 결국 가난한 군인의 아내가 되었고 국가에서 주는 봉급만으로 먹고 살고 아이들을 교육하고 미래를 설계해야 했다.

육군 중위의 아내로 시작한 나의 결혼 생활은 7만 원 남짓한 봉급에서 월세 2만 5천 원을 내고 얻은, 콘크리트 블록 한 줄을 쌓아올려 지은 셋방용 단칸방에서 시작했다. 입김이 하얗게 나오는 한겨울에도 연탄이 늦게 타도록 공기구멍을 꼭꼭 틀어막고 옷을 잔뜩 껴입은 채 강원도 전방의 추위를 견뎌야 했다.

늘 격무에 시달리는 남편에게 고기 한칼, 생선 한 토막 사먹이려면 몇 번을 계산하고 손을 꼽아 보아야 했다. 쇠고기는 커녕 돼지고기조차도 반 근, 닭도 반 마리 사정을 해서 겨우 사와 고추장과 채소를 듬뿍 넣고 요리를 했다. 남편이 그토록 좋아하는 생선조림에는 생선 토막보다 무 토막이 더 많았다.

형편이 나아지기 전에는 아이를 낳지 않으리라 생각했지만, 결혼 1년 만에 큰아이를 낳았다. 큰아이는 어려서부터 잔병치레를 많이 했다. 아이가 뱃속에 있을 때 제대로 섭생을 못한 탓이다.

그리고 이어서 작은 녀석이 태어났다.

경제적으로 윤택한 생활은 일찌감치 포기한 터이지만 아이들만은 제대로 키우고 싶었다. 하지만 교육 여건이 좋은 도회지에 정착하는 삶은 꿈도 못꾸고 1년도 못되어 이삿짐을 꾸려야 하는 방랑객 같은 삶을 살아야 했다. 아이들 중학교 입학할 때까지 스무 번도 넘게 이사했으니 가히 짐작할 만하지 않은가.

돈이 부족하다 보니 아이들 교육을 남에게 맡길 수도 없었다. 어린이 집이니 유치원은 물론 좋은 학교 좋은 학원에 아이들을 보낼 수도 없었다.

하는 수 없이 내 아이는 내가 교육할 수밖에 없었고, 현재 살고 있

는 주위 환경을 최대한 활용하고 또 그러한 환경을 최대한 창조하는
데 올인 할 수밖에 없었다.

어려서부터 아이들 교육에 필요한 서적을 탐구하고 주변 환경에
서 교육적인 것을 찾으려고 노력했다. 강원도 산골의 푸른 산 맑은
물은 아이들 정서 교육에, 자연환경은 동식물 관찰과 자연과의 소통
에 활용했고 군부대에서 운영하는 전투 수영장이나 연병장은 아이
들 체력 단련에 도움을 주었다. 우리 아이들이 수영이나 스케이트나
스키를 제법 잘 타는 것도 그런 이유이다. 해외 유학이나 근무를 떠
난 남편을 따라가서는 영어와 세계사 그리고 음악 미술 감상을 위해
서 박물관이며 미술관, 유적지 방문에 기꺼이 시간을 투자하였다.

무엇보다도 나는 가정이 교육의 현장이 되어야 한다는 생각을 했
다. 집안 분위기도 교육에 도움이 되도록 바꾸었다. 자연스럽게 거
실은 온 가족이 책을 볼 수 있는 서재 겸 공부방으로 꾸미고 벽면은
책으로 가득 채웠다.

그리고 당연히 부모는 가정의 교사 역할을 해야만 했다. 주말이면
아빠는 아이들과 같이 영어 소설을 읽기도 하고 영화를 감상하기도
했다. 외국 영화를 볼 때에는 온 식구가 노트를 가지고 누가 더 많이
대사를 받아 적는지 시합을 하기도 했다.

어려서 서당에 다닌 남편은 아이들이 어려워하는 한문을 아주 쉽
게 잘 가르쳐 주었고 역사공부는 재미있는 이야기로 만들어 들려주
었다.

올림픽 직후 런던행 비행기에서는 19시간 비행시간 내내 아이들

에게 삼국지 이야기를 들려주는 바람에 나중에는 옆 좌석의 사람들은 물론 스튜어디스까지도 같이 앉아 들은 적도 있었다.

아이들 교육에서 더 중요한 것은 부모는 아이들의 거울이라는 사실이다. 항상 검소하고 절제하며 예의 바르고 규범 있는 부모의 삶을 아이들에게 보여주면 자연스럽게 아이들도 따라 하고 사고방식도 건전하게 된다. 아이들의 정서발달을 위해 자연과 접하고 애완동물을 기르게 하고 스포츠와 단체 활동을 통해 규칙 존중과 협동심을 키워주는 것도 부모가 해야 할 일이 아닐까?

또한, 나의 아이만 중요한 것이 아니라 남의 아이도 중요하게 생각해야 한다. 우리 아이들이 부모와 함께하는 시간보다 친구들과 지내는 시간이 나이가 들면서 점점 길어진다는 사실을 상기한다면 아이들이 좋은 친구관계를 맺도록 도와주고 이를 유지할 수 있는 심성을 길러 주어야 할 필요가 있다.

부모 팔자 반 팔자라는 말이 있지 않은가!

우리의 아이는 백자 항아리와 같다. 좋은 흙을 골라 잘 고르고 적당한 물로 반죽하고 손으로 주걱으로 두드리고 다듬어 모양을 만들고 유약과 색소의 농도를 맞추어 바르고 바람이 잘 통하는 곳에 건조한 다음 다시 강한 불로 구어내고 포장을 잘하여 운반해야 그 안에 잘 어울리는 물건을 담거나 장식장 좋은 곳에 올려놓고 볼 수 있는 명품을 만들 수 있다. 어느 과정 하나도 소홀히 할 수 없다. 어느 한순간도 소중하지 않은 순간이 없다.

그런데 우리는 아이들이 귀하고 사랑스럽다고 덜 두드리고 다듬는 것을 소홀히 한다. 또 전문적인 교육을 해야 한다며 가정이 아닌 외부 교육기관에서 부모가 아닌 남에게 맡겨서 교육한다. 가정은 훈육의 장소가 아니라 그냥 사육의 장소가 되어 버렸고 내 자식이 아니라 유치원 선생의 아이요 학원 강사의 아이이며 과외 선생의 학생으로 만들어 버린다. 심지어는 학습지 선생에게 맡기기도 한다.

그리고는 아이들을 위해 하루 24시간 전부를 투자해도 부족할 시기에 골프 연습장이나 마사지실, 식당에 삼삼오오 모여서 희희낙락한다.

자신이 사회에 공헌하는 것도 중요하지만 부모가 되어 내 아이 교육을 잘해서 훌륭한 인재를 만들어 사회에 이바지하게 하는 것이 더 중요한 사명이요 의무가 아닐 수 없다. 그리고 잠시 맡아 기르는 아이를 훌륭하게 키워 내야 하는 어머니로서 숭고한 의무를 소홀히 해서는 안 될 것이다.

장님 코끼리 만지기

"좀 더 잘 키울 수 있었는데 미안하구나."
"내 모든 걸 다 바쳤는데 네가 이럴 수 있니?"

자기 아이를 잘 키우고 싶지 않은 부모가 어디 있겠는가? 하지만 원하는 만큼 자식을 키워낸 부모보다는 그렇지 못한 부모가 더 많은 것이 현실이다.

왜 그럴까? 부모가 제대로 그리고 충분하게 노력하지 못했거나 부모가 그렇게 했음에도 자식이 제대로 받아들이지 못해서일 것이다.

어떻게 하는 것이 제대로 충분히 노력하는 것이고, 어떻게 해야 자식이 그 노력을 받아들일 수 있는 것인가?

그러기 위해서는 무엇보다도 우리 아이가 필요로 하는 것이 무엇인지, 어떤 노력을 해야 하는지, 또 그러한 노력이 얼마나 필요한지를 먼저 알아야 한다. 필요하지도 않은 노력을 기울이거나 필요한 것들을 충분히 제공하지 못한다면 효과적인 교육이 되지 못하여 기대한 만큼의 효과를 거두지 못할 것이다.

아이들 얼굴이 서로 다르듯이 그들의 성격도 다르고 자라온 환경도 다르다. 따라서 잘하고 못하는 과목도 제각기 다르고 각자에게 맞는 공부방법도 서로 다를 수밖에 없다.

우리 아이들 둘만 보아도 서로가 정반대의 성격을 가지고 있고 좋아하는 과목도 다르다. 큰 아이는 어학 쪽에 재능을 가지고 있는 반면 수학이나 과학은 영 젬병이고, 아들은 수학이나 과학을 좋아하고 아주 쉽게 점수를 얻는다. 또 공부하는 방법도 전혀 반대다. 딸아이는 요점을 꼼꼼히 정리하고 차분하게 암기해서 '노트 정리의 달인'으로 불리는 노력형인 반면 아들은 원리를 이해할 때까지 요리조리 분석해서 이를 잘 응용하는 창의력이 뛰어나다. 아마 모든 아이의 얼굴이 서로 다르듯이 서로의 성격도 다르고 서로 좋아하는 과목도 공부방법도 다를 것이다.

자기 아이가 어떤 아이인지 잘 아는 사람은 다름 아닌 부모다. 아니 엄마다. 아이의 일거수일투족은 물론 녀석의 표정 하나하나까지 엄마는 한눈에 알아본다. 그러니 아이가 좋아하는 것이 무언지, 어떤 것을 좋아하지 않는지 엄마만큼 잘 아는 사람은 없다. 당연히 어느 과목을 잘하는지, 어느 과목에 약한지, 그래서 자기 아이를 어떻게 교육해야 하는지 잘 아는 사람은 엄마밖에 없다. 그런데 우리는 자식교육을 남에게 맡겨버린다. 그것도 아주 어려서부터. 유아원, 놀이방, 유치원은 기본이고 학교에 가서도 바로 미술, 음악, 태권도, 바둑 등등 엄마 이외에 내 아이의 교육을 담당하는 사람은 너무도 많다.

우리는 내 아이를 전문가나 전문기관에 맡겨야 교육이 잘되고 있다고 안심한다. 그런데 그 전문가나 전문기관은 너무나 바쁘다. 늘 만원이다. 모두가 아이를 맡기기 때문이다. 그러다 보니 그 전문가도 전문기관도 더는 전문적으로 교육할 방도가 없다. 어차피 돈을 버는 것이 목적이기도 하겠지만, 그 많은 학생을 상대로 전문적인 교육을 할 수 있는 여건이 안 되기 때문이다. 그 아이들 하나하나의 특성을 알아야 교육이 되는데 그렇게 하기엔 학생이 너무 많다.

우리 부모들은 그저 맡기기만 하면 되는 줄 알고 어서 빨리 자기 아이가 다른 아이보다 낫다는 것을 더 똑똑하다는 것을 알고 싶어 할 뿐, 아이의 특성에 대하여 자세히 이야기하려 하지 않는다. 당연히 교사들도 묻지 않는다. 물을 필요도 없다. 알아서 하겠다고, 믿고 맡기기만 하면 교육이 저절로 이루어진다고 말해야 전문기관 티가 더 난다는 것을 알고 있기 때문이다. 그러다 보니 그런 전문기관에서는 모두에게 적용할 수 있는 비슷비슷한 방법으로 공부를 시킨다.

그래서 대개 비슷한 방법으로 지능을 발달시키고 신체를 단련할 수 있는 검증된 교육방법만을 이용하여 교육이 이루어진다. 아이들 각자 각자의 특성에 맞는 교육방법을 따로따로 적용할 수 있는 시간적 공간적 여유가 없다. 영재를 보통아이로 만들고 늦게 발달하는 아이는 따라가지도 못하게 만든다. 특이한 습관을 지닌 아이나 특별한 재능을 가진 아이나 특별히 잘하는 아이나 특별히 더딘 아이에게 맞는 특별 교육을 하지도 못한다.

또 그렇게 할 진정한 교육전문가도 그렇게 할 전문기관도 우리는 쉽게 만날 수 없다. 그들은 그저 장님 코끼리 만지듯 더듬어지는 부분에 대해서만, 만져지는 부분에 대해서만 교육할 뿐이고 그 보이지 않는 부분은 그때부터 아예 없는 부분으로 간주해 버린다. 코끼리가 벽돌이 되고, 코끼리가 밧줄이 되어도 우리 부모는 그저 좋은 벽돌, 질긴 밧줄이라는 칭찬 한마디에 녹아버리고 '우리 새끼 코끼리가 좋은 밧줄이래!' 자랑하기 바쁘다.

조기교육 바람이 불면서 너도나도 그런 곳에 빨리 보내야 한다는 조급증에 빠져 버렸다. 아직도 엄마 품이 그리운 아이를 시집도 가지 않은, 아이를 키워보지도 않은 어린 처녀 보육교사에게 맡긴다. 그리고 그 전문교육이라는 틀에 울고 있는 아이를 밀어 넣고 억지로 끼워 맞춘다. 그래서 우리 아이들은 엄마의 정을 다 느끼기도 전에, 엄마와 정신적, 감정적 교류와 소통을 채 경험하기도 전에 낯선 이의 낯선 교육방법을 따라 하기 시작하고 거기에 길들여진다. 나는 이게 좋다고 나는 저게 싫다고, 나는 이렇게 하고 싶다고 말하기도 하고 떼도 써보기도 전에 남이 시키는 대로, 남들 하는 대로 따라 하는 일에 길들어버린다. 이런 바탕에서 아이들은 커서도 남들 따라 하기, 남들 눈치 보기, 남한테 뒤처지지 않기를 배우느라 자신을 놓아버린다.

이래저래 우리 아이들은 엄마로부터 아빠로부터 가정으로부터 멀어져 간다. 아니 엄마 아빠가 아이들로부터 멀어져 간다. 아이들이 자신의 정체성으로부터 자신의 정서와 감정을 기초로 자기의 지능과 감성을 종합적으로 발달시키는 일들로부터 양자가 서로 멀어져 가는 것이다. 그렇게 유아원에서부터 시작되어 유치원, 어쩌면 대학 교육까지 틀에 박힌 '장님 코끼리 만지기' 교육 속에서 우리 아이들의 개성과 정체성이 조금씩 눌려지고 작아져 가는 것이다. 그리고는 언젠가는 "우리 아이가 그런 아인 줄 몰랐어요!" 하고 회한의 가슴을 친다. 아니 그나마도 모르는 사람도 많다.

내 아이를 코끼리로 키우자. 벽돌이나 밧줄이나 널판자가 아닌 크고 늠름하고 영리한 코끼리로 키우는 것은 우리 엄마들의 몫이자 의무이다. 천천히, 아주 천천히, 조금씩 조금씩 뱃속에서 커지는 아기의 작은 움직임도 온몸으로 느끼던 그때처럼 온 신경을 써서 아이를 관찰하고, 소통하고, 그리고 마침내 그 아이의 특성에 맞는 나만의 교육방법, 엄마만의 교육방법을 찾아내야 한다. 그래야만 밧줄 엄마가 아닌, 벽돌 엄마가 아닌 코끼리 엄마가 될 수 있다.

빨리 가면 놓치는 것들

"운전 참 잘하시네요!"

모처럼 해외 포교차 오신 큰스님을 모시고 공항으로 가는 길이었다.

"그럼요, 다들 저보고 런던의 총알택시 운전사라고 하는데요."

칭찬을 들으면 겸손해야 하는데도 어리석은 마음은 늘 우쭐하기 마련이다.

런던에서 운전을 잘한다는 것은 단순히 운전 기술이 좋아서가 아니다. 런던의 도심 길은 옛날 마차가 다니던 길을 그대로 자동차 길로 이용하기 때문에 좁고 구불구불하다. 거기다가 대부분의 길을 일방통행으로 만들었기 때문에 잘못하면 길을 잃기에 십상이다. 런던의 택시 운전사 시험은 까다롭고 어렵기로 유명하다. 웬만한 사람도 3년에서 5년 이상 공부를 해야 겨우 합격할 수 있다 한다. 그런데 그 시험이라는 것이 어떤 시간대에 어디서 어디까지 가장 빨리 가는 경로를 기술하라는 것이라 한다.

런던의 복잡한 골목골목의 이름을 외우는 데만도 몇 년은 족히 걸릴 것이다. 거기다가 우리와는 달리 차량의 운전석이 오른쪽에 있고 차들이 우측통행이다. 한국뿐 아니라 외국에서 온 사람들은 늘 불안해하면서 운전을 해야만 한다. 자칫 좁은 길이나 차가 없는 한적한 길에서 역주행하다가 정면으로 충돌하는 사고도 심심치 않게 발생하기 때문이다.

남편은 런던에 무관으로 근무를 시작하자마자 지도 한 장 들고 새벽에 길 익히는 일부터 시작했다. 차량 통행이 뜸한 새벽에 남편 옆에서 지도를 봐주며 거리 이름을 불러 주는 일은 당연히 내 몫이었다. 그 경험 덕분에 다른 사람들보다 훨씬 더 런던의 골목을 잘 알게 되었고 자연 자신감을 느끼고 운전할 수 있었다.

자신감이 과했을까? 스님은 다른 한국사람들이 모는 차보다 좀 빠르고 거침없이 운전한다고 느끼셨나 보다.

"스님, 런던에 저만큼 빨리 운전하는 한국사람 없어요!"

한 번 친견하기 어려운 스님을 모신 것도 영광이었는데 칭찬까지 하시니 우쭐해 하는 남편을 보자 괜히 내가 안절부절못하겠다.

"아! 그래예? 군인이라 역시 빨리 달리는 가베."

뭔가 여운이 남는 듯 경상도 사투리 끝머리가 길어졌다. 그리고 잠시 말씀을 끊으시더니, 천천히 말을 이어 나가신다.

"그라몬, 얼매나 천천히 운전할 수 있으신교?"

갑자기 머리에 뭔가가 부딪치는 듯한 느낌이 왔다. 남편도 얼굴이 굳어지고 있었다. 백미러에 스님의 깊은 눈동자가 가득 차 있었다.

"가끔은 천천히 가보는 기도 나쁘지 않을 낍니더."

아무 대꾸도 못하고 멀리 보이는 공항의 관제탑을 바라보았다.

스님을 보내드리고 돌아오는 길에 일부러 천천히 차를 몰아 달라

고 했다. 공항으로, 외곽으로 나가기 위해 자주 이용하는 M25 도로
는 런던 외곽을 한 바퀴 도는 8차선 고속도로이다. 단속 카메라나
경찰이 많지 않은 곳이라서 차가 많지 않을 때에는 속도감을 즐기는
도로이다.

시속 100km 아래로 내려가니 옆 차들이 씽씽 지나간다. 혼자 뒤
떨어진 것도 같고 혼자 바보인 것도 같고 괜히 남보다 운전도 못하
는 것 같다. 그런데 60km 이하로 내려가기 시작하니 갑자기 마음이
편안해지는 것이 아닌가? 핸들을 잡는 순간 빨리 가야 하는 것으로
생각하고, 남들보다 늦게 가서는 안 된다는 경쟁심에 마음이 급해졌
었는데, 속도가 느려지니 나도 모르게 느긋해지고 문득 가로수들이
저마다 각기 다른 얼굴을 하는 것이 보이는 게 아닌가?

낯익은 동네로 가는 간판도 보인다. 아! 저기로 나가면 그 동네로
갈 수 있구나. 전에는 왜 보이지 않았을까? 길가의 작은 호수, 멀리
언덕 위 오래된 건물의 첨탑도 보인다. 이런저런 색깔을 한 지붕들
이 나무 숲 속에 숨어 있는 동네, 오래된 건물과 예쁜 정원들, 세월
을 허리에 튼 나무들과 꽃들이 눈앞에 가까이 다가온다. 곳곳에 색
깔 고운 꽃들이 피고 집집이 정원이나 현관에 꽂이며 나무를 키운
다. 잠시 길가에 차를 멈추었다. 잔디 사이로 하얀 데이지 꽃이 수줍
은 얼굴을 하고, 노란 수선화가 여기저기 봄을 알리고 있었다. 멀리
보이는 구릉들이 노란 유채꽃으로 덮여 있고 목초지에는 양들이 점
점이 풀을 뜯고 있다.

문득, 그 사이로 꿩 한 마리가 날아오른다.

그렇게 수십 번을 왔다갔다한 그 길의 얼굴이 보이기 시작한 것이다. 빨리 가려고만 할 때에는 그저 길만 보였을 뿐이었는데…. 오직 머릿속에 빨리 가야 한다는 생각만이 가득했으니 보여도 보이지 않았던 것이다. 내가 그들을 보려 하지 않았으니 그들도 얼굴을 보여주지 않았던 것이다.

사람도 마찬가지가 아닐까? 어느 날 갑자기 '어 저런 사람이었나? 전혀 몰랐는데…' 하고 깜짝 놀라는 경우가 많다. 무엇인가를 기억하고 무엇인가를 느끼고 존재를 알게 되는 것은 결국 관심이 아닐까? 주위에 있는 것들에 대해 관심이 없으면 결국 애정을 갖지 못하는 것이다. 내 일만 급하고 내 생각으로만 꽉 차 있으면 누구에게도 관심을 둘 수 없다. 내가 천천히 가야 그들을 볼 수 있음이 아닐까?

우리 주위에 많은 삶이 있고 많은 존재가 있고 많은 생각이 있고, 많은 얼굴이 있다. 그들이 거기 있음을 안다면, 그들에게 눈길을 주고 마음을 열어 준다면 그들도 각각의 의미와 아름다움으로 나에게 다가오지 않을까? 빨리 가려고 하면 눈도 돌릴 수 없고 마음도 열지 못할 게다.

문득 나도 정신없이 앞만 보고 빨리만 가려고 했다는 생각이 들었다. 남들 하는 대로 아이들 교육에 정신없이 매달렸었다. 남보다 뒤처지지 않아야 한다고, 남들보다 빨리 가야 한다고 조바심 떨기만 했다. 영국에 와 있으면서도 한국 공부 과외에 매달리고 피아노니

바이올린이니 하며 예능과외에 열 올리고 있었다. 영어는 그냥 배우려니 했고 영국학교에 다니는 것은 그냥 형식적으로 나가는 것이려니 했다.

한국에서의 행태와 전혀 다르지 않게 '아이들을 교육하고 있는 내가 문득 뭘 하고 있는가?' 하는 생각이 번쩍 드는 것이었다. 내가 어디에 와 있는지 영국에서는 어떻게 교육하고 있는 건지 영국교육의 장점은 무언지 전혀 생각하지 않았다. 순간, 내가 빨리만 가려 하고 쫓아만 가고 있다는 생각이 들었다. 놓치고 지나치는 중요한 것은 없는지 생각해 보아야겠다는 생각이 들었다. 우선 천천히 생각하면서 영국교육도 잘 알아보고 영국에 대해서도 알아보고 그 교육을 통해서 얻을 수 있을지를 알아보기로 했다.

지금도 가끔 정신없이 달리다가도 어김없이 노스님의 일갈 소리를 듣는다.

"와 그리 깝치노? 그래 빨리 가서 뭐 할낀데?"

"차~안~찬히 가도 늦지 않는데이!"

기다림이 우리에게 주는 것

"김치찌개는 금방 안 되는데예."

'실비 식당'이라고 쓰여 있는 유리문을 드르륵 열고는 자리에 앉을 겨를도 없이 김치찌개를 빨리 끓여 달라고 보채자 후덕해 보이는 아주머니가 대뜸 던진다.

"김치넌 30분은 낄여야 지 맛이 난다 아입니꺼."

국도변의 한적한 기사식당에서 얼큰한 국물로 속을 달래려 마음먹었는데 새로 넓힌 고속도로 같은 국도에는 가드레일만이 길게 이어져 있을 뿐, 그 많던 기사식당은커녕 흔한 휴게소 하나 볼 수 없었다. 길이 넓어져 빨리 갈 수 있으니 장사가 안 될 테고 가로수 하나 없이 그냥 휑하니 뚫린 도로에 기사식당이 들어선다 해도 맛이 있을 것 같지 않았다. 덕분에 늦은 점심시간까지도 훌쩍 넘겨 배도 배지만 마음이 자꾸 조급해져 왔다.

"그냥 끓기만 하면 돼요. 7분짜리 김치찌개도 맛만 좋더니만."

"지는 그런 뽀그르 김치 못 팝니더. 다른 데 가 보이소!"

단호한 눈빛에 성질 같아서는 그냥 나왔으련만 이미 식당이 있을 만한 곳은 다 지나친 터라,

"그럼 그냥 아무거나 빨리 되는 거주세요." 하고 말았다. 하지만

옆에서 먹고 있는 얼큰한 김치찌개 냄새에 입안에 침이 가득 고이고 자꾸만 게눈이 되어 갔다.

그러자 옆에 있던 할아버지가 말했다.

"기냥 김치 묵으소 마. 그 30분 동안 뭘 그리 중한 걸 할 수 있다꼬."

옆의 할머니가 살며시 웃음을 띠며 말했다.

"그 냄새 맡고 있기만 해도 올매나 좋다꼬예."

순간 나도 모르게 주방 쪽에 대고 버럭 소리쳤다.

"그냥 김치찌개 주세요!"

기다리는 동안 뜯고 있으라고 우물가 덩굴에서 뚝 잘라준 청포도 한 송이를 들고 밖으로 나왔다. 마음이 급하기도 했지만, 노부부 식탁의 김치찌개 냄새에 도저히 견딜 수가 없었다. 식당 앞 도랑에는 제법 풍성하게 흐르는 물소리가 시원하게 더위를 식혀 주고 있었고 송사리인지 버들치인지 모를 작은 물고기들이 햇빛에 반짝이며 여유롭게 노닐고 있었다. 통통해지기 시작한 벼 이삭 위로 고추잠자리의 한가로운 비행이 사뭇 평화스러웠다.

"그새 가을이구나."

계절의 바뀜을 한두 번 겪은 것도 아니고 계절이 바뀐다 해서 크게 달라지는 것도 없으련만 그 변화의 조짐을 느끼면 왠지 늘 싱숭생숭하다. 이룬 것 없이 세월만 보내는 아쉬움일까? 자연은 그렇게 움직이고 있을 뿐인데 지금 보아온 모습에만 매달려 있다가 새삼 놀라고, 다들 변하는데 나만 그 자리인 것 같아서 깜짝 놀라고, 저들이 변하면 거기 따라 나도 같이 변하거늘 나 자신의 변화는 모르고 다른 변화에만 후딱 놀라곤 한다.

솔솔 김치 익는 냄새에 이어 마침내 돼지고기 익는 냄새까지 날아오기 시작했다.

"이제는 다 되었지요?"

"어데예~ 안즉도 멀었어예. 기다릴 줄도 알아야 먹을 줄도 안다 안카나."

그렇게 속없이 깝치다가(?) 마침내 얻어먹은 김치찌개는 확실히 달랐다. 입에 착착 달라붙는 곰삭은 김치 잎과 푹 고아낸 듯 진한 국물 맛. 뜨거운 국물이 식도를 타고 넘어가자 그 시원함에 그만 온몸이 아득해졌다.

호호 불어가며 정신없이 집어넣는 나를 보고 주인 아주머니가 한마디 던졌다.

"꼭 메칠 굶은 사람 같다. 누가 쫓아 오는교?"

"그렇게 기둘려야 제대로 익은 맛본다 안캅니꺼."

계산을 치르고 나가던 할아버지가 웃었다. 할머니는 내 어깰 토닥거려주고 나가셨다.

그저 느긋하지 못한 성질만 뽀르르 하는 내가 안쓰러웠다는 걸까?

박 속 낙지밀국을 잘한다고 해서 물어물어 찾아간 태안 바닷가 마을의 작은 초가집 식당은 하루에 딱 정해진 숫자만큼만 손님을 받는다고 했다.

"박 속 국물이 낙지하고 어우러지려면 한 시간은 우려야 넌디 많이 받을 수 있남유?"

　이태원 골목의 청국장집은 12시 40분이 넘어야 문을 연다. 청국장 국물이 보글보글 끓으면 손질한 새송이버섯, 표고버섯, 두부, 호박, 붉은 고추를 넣고 다시 한소끔 끓으면 굵은 파, 풋고추, 다진 마늘을 넣고 살짝 끓인 후 상에 내야 하는데 손님을 많이 받으면 그 맛을 낼 수 없어서 할 수 있는 만큼만 받으려고 그렇게 한다는 게 주인 할머니의 말이었다.

　단양 시장통 고깃집은 정육점에서 주문받은 만큼만 끊어다 구워 줬다. 고기가 잘린 채로 오래 있으면 맛이 떨어진다 했다. 그렇게 기다리다 먹고 나오면 그 기다리는 시간만큼, 며칠이고 맴도는 그 냄새만큼 세상살이도 쫄깃했다.

　그 태안의 초가집 앞에도, 이태원의 청국장집 앞에도, 그 단양 고깃집 앞에도 사람이며 차들이 줄지어 서 있었다. 마냥 기다리며 김치가 익어가는 얼큰한 냄새, 박 속이 우러나는 시원한 냄새, 청국장이 빠글빠글 끓는 구수한 냄새, 막 끊어온 고기가 익어가는 노릿한 냄새를 맡을 줄 아는 사람들이다.

　기다림의 의미를 알고 기다릴 줄을 알고 있는 사람들이리라.
　아니 기다릴 수 있을 만큼 익은 사람들임이 틀림없다.
　그리고 그렇게 기다릴 줄 알아야 사람도 익는 법일 게다.

느긋함에서 배운다

　가까이에 있는 오래된 성을 찾아보려고 모처럼 관광을 나선 어느 주말 아침 길옆의 작은 레스토랑에 들렀다. 'Little Chef' 라는 영국의 꽤 알려진 체인점인데 버터를 발라 구운 바삭한 감자구이와 소시지의 담백한 맛이 일품인 소박한 식당이었다. 여기에 뜨거운 헤이즐넛 커피 한 잔과 에그 롤계란말이을 곁들이면 훌륭한 아침 식사가 된다. 마침 안개비가 부슬거리는 가을 아침이라서 감자 굽는 냄새가 한층 더 구수했다.

　창가의 자리에 앉아 식사를 막 시작하려는데 주차장으로 빨간색 작은 경차가 들어섰다. 차 문이 열리자 버버리 코트를 입고 체크무늬 모자를 쓴, 여든은 훌쩍 넘은 노신사가 먼저 내리고 하얀 백발을 정갈하게 빗어 넘긴 할머니가 운전석에서 나와 한 발 한 발 할아버지를 부축하면서 식당으로 들어섰다. 지팡이를 짚은 할아버지와 하얀색 정장을 입고 스카프를 두르고 베이지색 핸드백을 팔에 걸친 할머니의 모습은 영국의 전통적인 노인들 모습 그대로였다. 문득 하얀 두루마기에 지팡이를 짚은 우리네 양반 할아버지와 쪽 찐 머리에 동백기름을 반지르르하게 바른 할머니가 이웃 동네 잔치집에 가는 모습이 눈에 어른거렸다.

노부부는 천천히 내 옆의 빈자리에 앉아 홍차 한 잔과 간단한 감자요리를 주문했다. 대개 그 시간, 즉 아침 열 시에서 열 시 반은 영국인들의 소위 '티타임'이다. 이 시간이 되면 일을 하다 말고 모두 휴게실에 모여 홍차나 커피를 마시며 스콘이라는 바삭한 빵을 먹는다. 회의를 하다 말고 홍차를 마시는 것은 물론이요, 심지어는 차를 타고 여행 중에도 이 시간이면 가까운 찻집에 들르는 것이 보통이다.

두 부부는 조용히 차를 마시고 아주 느린 속도로 음식을 먹고 있었다. 할아버지가 어딘가 불편한지 할머니가 음식을 잘라 입에 넣어주고 찻잔도 입에 대어 주면서 천천히 식사하고 있었다. 할머니가 자그마한 소리로 이야기를 하고 할아버지는 가끔 고개를 끄덕인다. 편안한 얼굴과 잔잔한 미소. 천천히 찻잔을 들고 한 모금 마시고 다시 내려놓고 감자를 작게 잘라 입에 넣고 씹고 말하고 고개를 끄덕인다. 다시 차를 마시고 살며시 웃고 서로 눈을 마주친다. 조용하면서도 여유로우면서도 절제된 동작. 마치 물이 흐르듯 두 노부부는 아침 식사를 즐기고 있었다. 동작 하나하나 웃음 하나하나에 그분들의 살아온 모습이 그대로 묻어나는 것 같았다.

그때 감자구이를 자르던 할머니가 지나가는 웨이트리스를 불러 세웠다. 소금을 달라고 하는 걸 보니 아마 간이 맞질 않는 것 같았다. 하지만 친절하게 대답을 하고 간 웨이트리스는 웬일인지 그 옆을 여러 번 지나가면서도 소금을 가져다주지 않았다. 웨이트리스가 다가올 때마다 할머니는 고개를 들고 쳐다보았지만 모두 그냥 지나쳤다. 주말 아침 손님으로 가득 찬 레스토랑에서 여기저기 주문받고 음식을 가져다주고 치우고 하다 보니 그만 까먹었는가 보았다. 한 번쯤은 다시 물어볼 만도 하건만 할머니는 다가오는 웨이터들의 얼굴만 살필 뿐이었다.초조해 보이지도 화가 난 표정을 짓지도 않았다. 주문했으니 당연히 가져다줄 것이라고 믿는 듯했다. 다른 일들이 더 바빠서 그러려니 하는 듯한 얼굴이었다. 오히려 지켜보는 나는 화가 나서 안절부절못하건만, 할머니는 그저 할아버지에게 음식을 잘라 입에 넣어주고 찻잔을 대 주고 냅킨으로 입가를 닦아 주는 일에 집중할 뿐이었다. 아주 평안하고 따뜻한 미소를 띠면서.

마침내 두 사람은 식사를 마쳤다. 끝내 소금 한 톨 치지 않고 소금을 달라고 웨이터나 웨이트리스를 불러 세우지도 않은 채. 그리고는 계산서를 달라고 하더니 매니저를 불렀다. 매니저가 다가오자 할머니는 조용히 입을 열었다.

"Mr! I'm still waiting…."나 아직 기다리고 있다오 그리고는 매니저의 얼굴을 찬찬히 쳐다보았다. "…for salts."소금을

그 한없는 기다림과 배려 그리고 관조를 한꺼번에 보았다. 자신의 이익을 위해 바쁜 사람을 쉽게 부르지 않고 작은 불편을 그냥 받아들이는 저 이타심利他心. 그래서 나는 기다리기로 했다. 아이들이 저 스스로 궤도에 오를 때까지, 스스로 익어갈 때까지. 벼가 빨리 자라라고 이삭을 뽑아 올릴 수는 없다.

　녀석들이 스스로 즐겁게 공부에 마음을 둘 때까지 물을 끼얹어 주고, 햇빛을 쐬어 주며, 영양분을 공급해가며 조심조심 기다려야 한다. 조급해하고 보채고 몰아세우고 화를 내고 호통치는 대신 그저 기다릴 줄 알아야 한다.

　나도 아직 기다리고 있다.

Chapter 3

내 아이를 파악하라

신보다 높은 자식

"네 아이가 어떤 사람이 되길 바라느냐?"

신전에 와서 간절히 기도하는 한 여인의 모성애에 감동한 신이 드디어 여인 앞에 나타났다.

"부자가 되길 바라느냐?"

"신이시여! 세상에는 돈 가지고도 못하는 일이 너무도 많습니다."

"훌륭한 학자가 되길 바라느냐?"

"학문의 길은 너무도 험난합니다."

"권력을 가진 정치가는 어떠하냐?"

"정치가는 늘 남을 속이니 말로가 좋지 못합니다."

"그럼 나 같은 신이 되길 바라느냐? 아니면 그 이상을 원하느냐?"

여인이 대답이 없자 신이 말했다.

"그럼, 우리 어머니에게 가 보거라."

신의 어머니가 말했다.

"네 아이가 신이 되길 바라느냐? 먼저 네가 신의 어머니가 되어라."

우화 같은 이야기를 곰곰이 되새기며 나는 여러 가지 생각이 떠올랐다. 나는 내 아이가 어떤 사람이 되길 바라면서 살아왔고 아이에게 무엇이 되라고 다그쳤을까? 과연 나는 그렇게 바라고 요구할 자격을 갖추고 있는가?

아이가 자라서 어떤 사람이 되는가는 그 아이가 어떤 교육을 받았느냐에 따라 결정된다. 그리고 그 아이를 어떻게 교육하느냐에 대한 일차적 책임은 바로 엄마에게 있다.

율곡에게는 신사임당이라는 어머니가 있었고, 한석봉의 어머니는 명필 한석봉보다 더 고르게 떡을 썰었고, 맹자의 어머니는 세 번이나 이사를 했다. 가난한 종친이었던 유비의 어머니는 그에게 끊임없이 제왕의 도리를 가르쳤다. 백지처럼 하얗게, 석고처럼 가루로 태어난 아이들을 어떤 색깔로 어떤 그림을 그리고 어떤 모양으로 빚어내는가는 순전히 어머니의 몫이다.

아이를 율곡처럼 석봉처럼 맹자처럼 키우고자 한다면 그보다 몇 배는 더 많은 노력을 해야 한다. 학과 공부가 문제가 아니라 아이가 보고 배울 수 있는 인격이 되어야 하고 살아가는 방법을 보여 주어야 한다. 신의 어머니는 신이 아니다. 신처럼 세상일을 다 내려보고 주관할 수는 없다. 하지만 신의 어머니는 신을 만들었다.

신이 될 아이를 키우는 엄마는 늘 조심하고 늘 근신해야 한다. 내 아이가 해서는 안 될 일과 해야 할 일을 잘 구분할 줄 아는 통찰력과 절제력을 갖춰야 한다. 무엇보다도 자신의 자식인 신을 잘 알고 사랑하는 엄마, 신이 존경하고 사랑하는 엄마가 되어야 한다.

오직 신의 엄마처럼 생각하고 행동하고 노력하는 어머니만이 아이를 신으로 아니 그 이상으로 만들 수 있는 것이다.

자식을 신보다 더 높게 만들고 싶은가? 먼저 신의 엄마가 되라!

내 아이들의 이름

어릴 적에는 '공주님' '왕자님'으로 불렀다. 공주처럼 예쁘게, 왕자처럼 늠름하게 자라길 바랐다. 아니 그런 딸, 그런 아들로 만들고 싶었다.

나는 아이들이 그렇게 되었으면 하는 소망과 기대에 이름을 만들어 불렀다. 녀석들은 때로는 '착한 아들' '예쁜 딸'도 되고 '이슬이'도 되고 '뚱돼지' 도 되었다. 학교 성적 올리기가 절실할 때에는 '10등 딸' '5등 아들'이 되기도 하고, 그 바람은 '전교 1등' '최우등생'으로까지 올라갔다. 묘하게도 이름 붙인 대로 성적이 올라가기 시작했고 때로는 그 이름을 초월하기도 했다.

대학교에 갈 때쯤 해서는 'SKY 대학생'이라고 휴대전화에 입력됐다. 수능을 잘 못 본 아들은 편입해서 'Y'대에 갔고 'KAIST' 대학원 국비 장학생이 되었으니 이 또한 초과달성인 셈이다.

아들이 변리사 고시를 보겠다고 선언한 날부터 내 휴대전화 단축키 1번에는 '변리사 아들'이 입력되었다. 그리고 아들에게서 전화가 오면 '네, 변리사 엄마입니다'라고 대답했다.

아이들이 다른 사람들에게서 소중한 사람으로 인정받고 존경받기를 바라는 마음에서 아이들에게 존대를 한 적도 있다. 아들 녀석이 왕따로 고생할 때쯤이었다. 그러자 얼마 안 되어 왕따를 탈출하고, 왕따 당하고 징징거리던 녀석이 오히려 '짱'이 되고 다음 학기에 반장, 나중에는 회장까지 했다. 아이들의 이름 따라 내 이름도 바뀌었다. '반장 엄마' '회장 엄마'도 되고 이제 '변리사 엄마'도 되었다.

남들보다 열 곱은 부산스러워 그만큼 훌륭한 사람이 되라고 '열 곱'이라도 불렀던 큰 아이는 결혼 적령기에 들어서면서부터는 '좋은 인연'이라고 불렀다. 우연스럽게도 그때쯤 딸은 미국에서 공부하고 있던 지금의 사위를 만나 백년가약을 맺었다.

이제는 '백 곱'이라도 부르는 15개월짜리 손녀를 어떤 이름으로 고쳐 부를까 고민 중이다.

나는 내가 부르는 대로, 이름 지어주는 대로 이루어질 것이라는 믿음을 가지고 있다. 그것은 미신도 아니요, 종교도 아니다. 지성이면 감천이라 했고 구하면 얻을 것이라 했다. 일종의 '마력' 같은 것이다. '신념의 마력' 그리고 그 힘은 누구에게나 있다고 믿는다.

하지만 이런 신념은 오히려 나를 더 조심하게 했다. 혹시라도 좋지 않은 생각을 하거나 나쁜 말이 입 밖으로 튀어나올까 봐, 혹시라도 삿된 마음을 먹거나 과도한 욕심을 낼까 봐, 그래서 아이들에게 나쁜 영향을 미칠까 봐 노심초사한다.

어쩌다 화가 나서 울컥하다가도, 좀 억울한 일을 당해도, 미움이 생겨도 얼른 지워버린다. 화가 나서 한바탕 퍼부으려다가도, 억울해서 욕이나 저주를 던지려다가도 얼른 삼킨다.

당장 초조해지고 조급해져서 과한 욕심을 부리면 될 일도 안 될까봐 마음을 다스린다. 언젠가는 내가 바라는 대로 자연스레 이루어진다는 믿음, 정성껏 바라면 그 방향으로 노력하게 되고, 그 노력이 다하면 자연스럽게 이루어진는 것을 나는 믿고 겪었기 때문이다.

일이 마음먹은 대로 안 될 때에는 "아직 때가 안됐나 벼~. 좀 더 열심히 하자." 하고, 생각지도 않은 결과가 나와도 "그만큼 다가간 거야." 하고 스스로 다잡는다.

그러면 뭔지 모를 여유가 생기고 마음이 편해진다. 그러다 보니 아이들에게도 얼굴을 찌푸리거나 화내지 않고 밝은 얼굴로 대할 수 있고 그 믿음이 전해져서 새로 도전할 힘이 생기도록 기운을 불어넣어 줄 수 있다.

아이들은 집에 오면 기분이 좋고 안정되고 피로가 싹 가신다고 한다. 엄마가 항상 미소를 띠고 긍정적으로 자기들을 받아주기 때문에, 언제나 자기들을 좋게 불러 주는 엄마의 목소리가 있기 때문이란다. 분명히 실망하고 화를 낼 일에 엄마는 오히려 칭찬하니 오히려 더 미안해하고 더 노력하려는 다짐이 역력하다.

아이들은 엄마가 부르는 대로 대답한다. 엄마가 밝게 부르면 아이도 밝게 대답하고 엄마가 화가 나서 목소리를 높이면 녀석들도 짜증스럽게 대답한다.

엄마 입에서 향기가 나면 아이도 향기를 뿜고, 엄마 얼굴에 꽃이 피면 아이의 얼굴도 예뻐진다. 엄마에게서 늘 온화한 빛과 따뜻한 기운이 뿜어 나오고 엄마의 입에서 희망의 이름이 불릴 때 아이들은 자신 있게 살아갈 힘이 생기고 앞으로 나아갈 의지가 넘치게 된다.

아이들 앞에 서면 늘 조심스럽다. 아이들은 어른이 되고 부모가 되고 사회구성원이 되며, 누군가의 아래 혹은 위에서 일하는 사람이 된다. 그들이 어떤 얼굴과 어떤 향기를 가진 사람이 되느냐는 우리 가정에 달려 있는 것이고, 결국 그 모든 책임은 엄마인 나에게 있는 것이다.

가끔 인간으로서는 도저히 상상할 수 없는 나쁜 짓을 일삼는 어른이나 자기 욕심만 채우느라 주변 사람을 배려할 줄 모르는 우리 사회의 지도층 인사들을 보면서 저 사람의 어머니는 저들을 어떻게 불렀을까? 그리고 그들은 자기 자식을 뭐라고 부를까? 생각해본다.

김춘수 시인은 '이름을 불러 주었을 때' 비로소 꽃이 된다고 했고, 윌리엄 워즈워스는 '아이들은 어른의 어머니'라는 명언을 남겼다.

어쩌면 아이들은 내가 부르는 꽃이지만 나를 불러 세우는 또 다른 어머니일 것이다.

그들은 내가 부르는 대로 아름다운 모양과 향기를 가질 것이다.

그리고 그들은 나에게 그 색깔과 향기를 돌려주리라 믿는다.

오늘도 나는 그들에게 맞는 향기로운 이름을 부르고 있다.

내 아이의 모든 것을 읽어라

"엄마! 배고파요."

자정을 넘겨서야 집에 돌아오는 아이들은 꾸벅꾸벅 졸다가 눈을 비비는 나보다도 식탁으로 눈이 먼저 갔다.

"아휴, 우리 아들 힘들었지? 간식부터 먹어."

금방 만들어 아직도 따뜻한 간식을 맛있게 먹는 모습을 보면 나도 하루의 힘들었던 얼굴이 활짝 펴진다.

아이들이 고등학교에 진학하고 나서부터는 나도 잠을 제대로 잔 적이 없었다. 휴가를 가지도 밖에 나가서 즐거운 시간을 가진 적이 없었다.

보충수업으로, 야자로 늦게까지 학교에 남아 있는 아이를 기다렸다가 다시 학원으로 향했다. 가는 도중에 간식도 챙겨 먹이고 아이들이 대중교통을 이용하느라 피곤해하지 않도록 그리고 시간을 조금이라도 절약해주기 위해서였다. 그리고는 집에 와서 녀석들이 좋아할 만한 간식을 만들어놓고 TV를 켰다가도 학원에서 공부하고 있을 아이들 얼굴이 생각나 그만 꺼버리고야 말았다.

아이들 방에 들어가 급하게 벗어 던진 옷가지며 여기저기 널려져 있는 교과서나 참고서를 정리해 주기도 하고 밀린 집안일을 하거나 청소를 한다.

아이들 방을 정리해주고 시간이 남으면 아이들 시간표에 맞추어 다음날 가지고 가야 할 교과서며 참고서 같은 걸 미리 꺼내 정리해 주기도 한다.

그리고 나서는 책상에 앉아서 아이들이 보는 교과서를 꺼내놓고 찬찬히 들여다본다. 문득 옛날 눈에 익었던 내용이 보이고 그렇게도 보기 싫었던 수학이며 물리의 기호와 공식들이 보이기 시작한다. 그렇게 교과서며 참고서를 들여다보면 아이들이 여기저기 토를 달아 놓은 것들이 신기하게도 내가 그 옛날에 했던 것들과 별반 다르지 않아 보여, 선생님이 설명하는 것을 하나라도 놓칠세라 눈을 동그랗게 뜨고 받아 적고 있을 녀석들의 모습을 떠올리며 빙그레 웃기도 한다.

그렇게 한 장 한 장 넘기다 보면 아이들이 재미있게 공부한 단원과 힘들여 학습한 단원도 눈에 보이고 어떤 이유인지 소홀히 한 부분도 보인다. "苦(괴로울 고)3이니 孤(외로울 고)3이니 자기의 심정을 끼적여 놓은 낙서라도 보이면 가슴이 뭉클해지기도 하고 먹고 싶어 하는 간식이나 입고 싶어 하는 브랜드, 좋아하는 게임, 심지어는 녀석들이 자주 쓰는 은어도 알게 된다. 혹 좋아하는 남학생이나 여학생 이름을 적어 놓은 것을 발견하면 대박이다. 아이들과 공감할 수 있는 대화거리를 낚은 것이다.

그리고 슬쩍슬쩍 흘린다.

"우리 아들 ○○○피자 사줄까?"

"△△△ 아이스크림 좋아하지?"

"이번 주말에 ▢▢▢ 청바지 사러 갈까?"

"오늘은 떡볶이야."

"○○이는 예뻐?"

"엄마 내 맘을 어떻게 그렇게 잘 알아!"

나는 아이들과 육감으로 통한다. 아이들의 처지에서 생각한다. 아이들이 어떻게 생각하는지, 무엇을 좋아하는지, 무엇을 하고 싶어 하는지, 무엇을 싫어하는지 시시각각으로 변하는 아이들의 마음을 읽어 내지 않는다면 아이들과 진정으로 통할 수 없다. 그러기 위해서는 정말 많은 노력을 해야 한다.

PC 방에서 밤을 새우며 아이들이 어떤 게임을 좋아하는지 언제 어떤 간식을 먹는지 지켜보기도 했다. 홍대 앞에도 가 보았다. 스키장에도 가 보았다. 남이섬, 가평 자라섬도 가 보았다. 아이들이 왜 그곳을 좋아하는지, 거기서 무엇을 하는지 알아야 했다. 아이들이 어떤 유행의 옷을 좋아하는지 어떤 브랜드를 좋아하는지도 아이들이 말하기 전에 먼저 말한다.

이제는 아이들의 얼굴만 보아도 안다. 우리 아이들뿐만 아니라 다른 아이들 얼굴을 보면 안다. 뒤통수만 봐도 안다.

그렇게 나는 아이들과 같이 느끼려고 했다. 아니 아이가 되려고 했다. 그래서 그들의 마음을 알고 그들이 원하는 것을 알고 그들을 이 끌어 나갈 수 있었다. 그리고 녀석들도 나를 이해하려고 노력했다.

"내가 그렇게 하려고 했는데….

"막 그 말을 하려고 했는데….

우리는 서로에게 족집게가 되어갔다.

나부터 아이를 믿어라

아이가 중간고사를 본 지도 꽤 여러 날이 지났다. 시험을 잘 봐야 한다고 걱정도 어지간히 하고 밤늦게까지 시험 준비로 요란을 떨었던 터라 성적이 제법 잘 나왔겠지 기대도 되었다.

귀국하고 처음 치르는 시험. 아이가 새로운 교육환경에 얼마나 적응하고 있는지 부족한 과목은 뭔지 알아야 과외나 학원, 아니면 학습지라도 해야 할 터인데 녀석들이 성적표를 가져오지 않는다.

"곧 나올 거래요." 아무렇지도 않은 듯 대답하기에 그러려니 했다. 선생님께 전화하려다가도 엄마가 너무 설치는 것 같아 그만두었다. 오늘은 꼭 물어봐야지 하다가 학교에서 막 돌아온 아이 간식이며 숙제 같은 걸 챙기다 그만 깜빡하기도 했다. 그렇게 두어 번의 시험이 지나고 어느새 한 학기가 지났다. 방학하면 으레 통지표를 나눠 줄 텐데도 녀석들은 여전히 말이 없다. 예전 같으면 가방에 채 넣지도 않고 펄럭거리며 한달음에 달려와 내놓던 녀석들이라 믿거니 했다.

그러던 어느 날, 책상을 정리하다 우연히 펼친 문제집 속에서 아이의 성적표가 떨어졌다. 무심코 성적표를 훑어보던 나는 눈을 의심하지 않을 수 없었다. 그리고 얼른 큰 아이의 책상 구석구석을 뒤져 보았다. 아니나 다를까 서랍 깊숙한 곳에 성적표를 감춰 놓고 있었다. 두 아이 모두 성적은 물론 내신마저도 평균 이하의 평점을 받고 있었다.

한마디로 거의 꼴찌에 가까운 성적이었다.

눈앞이 캄캄했다. 이 녀석들이 도대체 공부를 어떻게 했기에 성적이 이 모양이란 말인가! 그리고도 아무렇지도 않은 듯 놀 것 다 놀고 게임할 것 다 하다니, 그리고 성적표를 감춰놓고 감히 부모를 속이다니.

아이들에게 감쪽같이 속았다고 생각하니 분함이 치밀어 올랐다. 당장 학교로 쫓아가 어떻게 그럴 수가 있느냐고 소리치면서 혼을 내주고 싶었다.

그러다가 문득 나를 돌아보았다. 아이들 성적이 이 정도인데 나는 무얼하고 있단 말인가? 외국 학교에서도 잘 적응한 우리 아이들인데 모국에서야 오죽 잘하랴 싶었고, 적어도 중간 이상은 충분히 하고 한 학기쯤 지나면 10등 안에 드는 거야 식은 죽 먹기려니 했다.

아이들이 티 없이 놀기 좋아하기에, 크게 공부 걱정 안 하기에, 학원이나 과외 같은 거 시켜 달라고 조르지 않기에 내 예상이 크게 빗나가지 않을거라 오히려 자만하지 않았던가.

공부 과외는 물론 바둑이니 속셈이니 웅변이니 온갖 학원에 아이를 내모는 이웃 엄마를 은근히 비웃으며 '우리 애들은 그런 데 안 보내도 잘해요!' 하고 자랑까지 하지 않았던가.

여러 번 아이들이 머뭇거리며 학원 얘기를 꺼내다 말았던 일들이 생각났다. 아이들이 엄마 아빠 돈 걱정하는 걸 보고 차마 과외공부나 학원에 보내달라는 말을 꺼내다 말았던 걸 모르다니, 얼마나 생각 없고 한심한 엄마인가! 갑자기 부끄러움에 얼굴이 화끈거리고 아이들에게 미안한 마음이 들기 시작했다.

요즘에 왠지 풀이 죽어 보였고 아픈 데도 없으면서 식사량도 무척 줄었고 간식도 달갑게 먹지 않고 그저 방 속에 처박혀 있던 녀석들이 다 이유가 있었구나 싶었다.

잔뜩 기대하고 있는 엄마에게 그런 성적표를 차마 내밀지 못하고 그렇다고 돈이 많이 드는 다른 조치를 해달라고도 못하고 벙어리 냉가슴 앓듯 끙끙거리며 이해도 안 가는 교과서만 파고 있었을 불쌍한 내 새끼들.

새로 오픈한 유명 피자체인점에서 피자 한판과 스파게티를 시켜놓고 아이들과 마주 앉았다.

"성적표 안 봐도 돼. 너희가 보여주고 싶을 때까지 엄마 아빠는 기다릴게."

아이들 눈이 동그래졌다.

"다만 시험 때마다 5등씩만 올라가 보자. 필요한 건 다 해줄게. 엄마 아빠는 너희를 믿거든."

그러자 아이들 얼굴이 환하게 밝아지고 피자 한 판을 금방 해치웠다.

실제로 작은 아이가 대학교 첫 학기 '올 A+' 성적표를 슬그머니 내놓을 때까지 나는 성적표 이야기를 꺼내지 않았다.

아이들도 다만 "엄마 지난번 시험보다 10등 올랐어요." "3등 올랐어요."라고만 보고했고 나는 녀석들 어깨만 두드려 주었을 뿐이다. 전교 1등 했어도 성적표 보자고 하지 않았다. 60명 중 50등을 훌쩍 넘었던 큰 녀석은 중학교 3학년 때부터 상위권 궤도에 안착했고 작은 녀석은 고2 때 전교 1등, 연세대 최우등생을 거쳐 카이스트 대학원 국비 장학생과 변리사 시험까지 한 번도 떨어지지 않고 상승곡선을 그렸다.

그리고 나는 우리 아이들의 인생 상승곡선, 행복 상승곡선이 계속 오름세를 유지하리라고 믿고 있다. 그 믿음의 위력을 알고 있기에, 그리고 아이들도 나의 믿음을 저버리지 않을 것이라는 또 하나의 믿음이 있기에.

뒤늦은 후회

“엄마, 나 다시 피아노 치고 싶어요.”

시집가서 미국에 사는 딸아이가 조심스럽게 말했다.

“지금 다시 해도 괜찮을까?”

사실 음악 이야기만 나오면 나는 딸의 얼굴을 똑바로 쳐다볼 수가 없다.

딸은 음악에 남다른 재능을 타고났었다. 네 살쯤 시작한 피아노는 동네 피아노 학원 강사가 깜짝 놀랄 정도로 빨리 익혀 나갔다.

“제대로 된 선생님에게 배우게 하세요. 꼭요!”

영국에 가서 10살이 넘어서자 아이는 제대로 두각을 나타냈다. 우연히 만난 선생님은 영국에서도 유명한 ‘로열 칼리지 오브 뮤직(왕립 음악대학)’을 나온 선생님이었다.

한국 사람들이 많이 모여 사는 런던 남서쪽 지역에서 그 선생님은 이미 한국 주재원 엄마들 사이에 유명세를 타고 있었다. 아이들 교육에 극성인 한국 어머니들에게 인정받았다는 사실만으로도 실력이 대단하다는 증거라 할 수 있는 그는 한국 아이들만, 그것도 시험을 보고 나서 가르친다.

"엄마, 선생님께서 나보고 감정을 잘 친대."

그 영국 선생님은 악보를 읽는 능력이나 손가락 놀림 테크닉보다도 그 악보를 치면서 먼저 느끼게 하고 그 느낌을 표현하는 것을 먼저 가르쳤다. 기교나 기술보다 음악을 느끼는 감정을 더 중요시한다는 것이다. 그리고 녀석은 그 과정을 잘 소화하고 따라가다 보니 스스로 피아노의 매력에 흠뻑 빠져 있었다.

어느 날, 피아노 선생님께서 주셨다며 아이가 낡은 피아노 교본을 가지고 왔다. 조금씩 바라기 시작한 색깔이며 귀퉁이가 낡고 해진 표지, 영어로 휘갈겨 쓴 낙서 같은 자국들이 이 책이 적잖은 세월을 지나온 책이라는 것을 그래서 쉽사리 인근 서점에서 구할 수 있는 것과 같은 부류의 책은 아니라는 것을 한눈에 알아보게 만들었다.

"이거 선생님의 선생님께서 주신 거래."

그리고 지금 영국 왕립 음대의 교수라는 그 선생님의 선생님도 자신의 선생님의 선생님으로부터 물려받았다고 한다. 순간 아이를 데리러 갈 때마다 바깥마당까지 따라 나와 엄지손가락을 치켜 올리면서 좋아하던 선생님의 얼굴이 떠올랐다.

"제가 만난 제자 중 최고예요."

아직도 그 의미를 모르는 아이는 그저 기분이 우쭐해 있었다. 그 교본을 우리 아이에게 주었다는 것은 그 선배 선생님으로부터의 계보를 이어가라는 의미임은 한눈에 알 수 있었다.

그리고 아이를 전문적인 음악가로 키우라는 무언의 언질이 아닐 수 없었다.

며칠 후, 선생님에게서 연락이 왔다. 음악학교에 있는 자기 스승에게 오디션을 받게 하고 싶으니 가능한 날짜를 알려 달라는 것이었다.

"음악은 부자나 하는 거야."

어려서 피아노 학원 앞에서 하염없이 소리를 듣고 있던 나에게 엄마가 한 말이었다. 당시 동네에 하나밖에 없던 피아노 학원에 다닐 수 있는 아이는 동네에서 제법 잘산다는 부잣집 아이들뿐이었고 나는 그 아이들이 너무도 부러웠다. 하지만 시골에서 맨몸으로 상경한 가난한 하급 공무원이었던 아버지의 봉급으로는 우리 사 남매를 겨우 학교에 보내는 데에도 힘이 겨웠다.

그래서 나도 피아노 치고 싶다는 말 한마디 하지 못하고 숨어서 커다란 피아노 교본을 손에 들고 깔깔거리며 뛰어나오는 아이들을 바라보기만 했었던 나의 모습이 떠올랐다.

부자가 서서히 망하려면 아이에게 음악을 시키라 했다. 이제 한국에 돌아가면 다시 가난한 군인으로 돌아가야 하는데, 녀석을 영국에 유학시킨다는 것, 그리고 계속될 레슨비며 천문학적 액수라는 악기값을 어찌 댄단 말인가?

결국 아이를 달래고 현실과 타협했다.

"음악이 얼마나 어려운 줄 아니?"

"피아노를 계속하려면 너 혼자 영국에 남아야 돼."

또는 더 솔직하게 말하기도 했다.

"돈이 많이 들 텐데, 엄마 아빠는 자신이 없다."

녀석은 며칠간 말이 없어졌다. 그리고 제 방에 들어가 있는 시간이 많아졌다.

얼마 후 녀석은 피아노 교본을 선생님에게 돌려 드리고 왔다. 그 대신 바이올린을 배우게 해달라고 했다. 녀석은 정말 열심히 바이올린을 연습했고 피아노와 그 좌절감을 떨쳐 버린 듯해서 딸 모르게 가슴을 쓸어내렸다. 하지만 1년쯤 지나서 똑같은 권유를 받았다. 그리고 녀석은 플루트를 배우고 싶다고 했다.

"왜 갑자기 바이올린이 싫어졌니?"

녀석은 간단하게 말했다.

"그냥."

그렇게 녀석은 음악을 끊지도 못하고 그렇다고 꽃을 피우지도 못하고 아빠의 임기가 끝나서 귀국하고야 말았다. 그리고는 그 힘든 입시 준비에 몰두하고 말았다. 그렇게 학업을 다 마치고 결혼해서 직장생활도 하고 아이를 가지고 나서야 녀석은 조심스럽게 그때의 이야기를 꺼낸 것이다.

녀석은 음악을 떨쳐버리지 못한 것이다.

내가 너무 쉽게 포기하고 말았구나.

내가 현실과 타협하다니.

혹시 세계적인 음악가로 대성할 수 있었을지도 모르는데.

그보다도 녀석이 가슴에 품고 온 살아왔을 아쉬움을 생각하니 너무도 미안했다.

녀석이 조심스럽게 던진 말이지만 나는 가슴이 미어져 왔다.

"애야, 새로 시작하는 데는 늦은 것은 절대 없단다. 엄마가 피아노 사주마."

"정말?" 녀석의 얼굴이 다시 환해졌다.

그리고는 한마디 던졌다.

"그때 그냥 계속했으면 어땠을까? 거기선 돈 많이 안 들이고도 할 수 있지 않았을까?"

내가 사준 피아노 앞에 앉아서 산달을 앞둔 딸아이가 말했다.

"아이를 키우고 다시 시작할 거야."

"아기에게 좋은 음악을 들려주고 싶어. 엄마."

아이를 끌어안고 다시는 현실적인 이유로, 내가 지레 겁을 먹어 아이들의 꿈을 버리게 하지 않겠다는 결심을 했다.

그리고 지금이라도 늦지 않았으니 하고 싶은 거 맘껏 하라고 말했다. 그리고 할 수 있는 한 도와주고 싶다. 경제적인 이유로 아이들이 꿈을 접게 해서는 안 되겠기에 말이다.

아이를 괴롭게 만드는 엄마의 욕심

"엄마 나 전학시켜줘."

당시 서울 외곽도시에서 꽤 이름 있는 여고에 시험을 쳐서 입학한 딸이 심각하게 말했다. 도저히 못 따라갈 것 같다는 것이었다.

천만다행으로 적응력이 뛰어난 딸은 처음 귀국했을 때의 어려움을 극복하고 시험을 쳐서 그 학교에 들어갈 수 있었고, 우리 가족 모두는 그것을 매우 자랑스럽게 생각하고 좋은 대학 가는 것은 문제가 없을 것이라는 기대에 부풀어 있었다.

남편과 떨어져서 살면서 혹시라도 실패하면 어쩌나 하고 노심초사 했는데, 그것 보라고 은근히 남편에게 시위도 하고 주변의 부러워하는 눈초리에 우쭐해 하기도 하던 참이었다.

그런데 전학을 시켜 달라니…. 일언지하에 거절했다.

'자랑할 만큼 자랑했고 떠벌릴 데는 다 떠벌렸는데 어찌하라고?'

"지금은 학기 초라 그래. 시간이 지나면 잘할 수 있을 거야."

아이를 설득하다 못해 은근한 협박까지 했다.

"넌 엄마의 자존심이야. 어떻게 들어간 학교인데…."

어려서부터 엄마 아빠의 결정을 존중했던 아이는 더는 그 이야기를 꺼내지 않았다. 그리고 나름대로 열심히 노력하는 모습을 보이는 듯했다. 학원에도 가고 독서실에도 다니며 공부에 열을 올리던 아이가 2학년 들어서부터는 조금씩 변화가 생기기 시작하였다. 가끔 심각해지기도 하고 우울해하기도 하고 뭔가 말하려다 애써 삼키는 모습이 역력하였다.

그리고 학교가 끝나고 친구들과 어울리는 시간이 늘어났다. 힙합 바지를 사달라고 조르기도 하고 몰래 머리 염색을 하기도 했다. 엄마인 나와도 이야기를 애써 피하고 학교 이야기, 성적 이야기만 나오면 슬쩍 넘어가려는 것이 아닌가!

남편에게 아이와 영화를 같이 보고 피자 가게에 다녀오라고 했다. 내신 성적이 문제였다. 지역에서 공부깨나 한다하는 아이들만 모이다 보니 기초가 부족한 녀석으로서는 따라가기가 벅차다는 것이었다.

사실 중 3 담임선생님도 그 명문보다는 새로 뜨는 신설학교가 내신 면에서 유리할 것이라고 권유했지만 나는 '전통에 빛나는 학교'의 명성에 눈이 어두웠었다.

남편과 함께 학교에 다녀왔다. 선생님이 보여주는 내신 성적은 아주 심각했다. 원하는 대학은 꿈도 못 꿀 지경이었다. 좌절하기 직전 마침 아이의 담임선생님이 솔루션을 내놓았다.

"영어로 승부해보면 어떨까요?"

다행히 아이도 무섭게 집중했다. 자기가 잘할 수 있는 과목이라 좋아하기도 하고 자신감도 붙었다. 얼굴이 밝아진 아이를 보면서 가슴을 쓸어내렸다. 입시도 중요하지만 아이가 잘못되지나 않을까 꽉 막

혔던 가슴의 응어리가 싸악 하고 씻겨 내려갔다.

지금도 후회가 된다. 조금만 더 귀를 열었으면, 좀 더 아이들의 아픔을 내 것으로 즉시 환산할 수 있도록 소통했더라면 아이가 겪었을 고통을 줄여 줄 수 있었을 텐데.

사춘기의 아이들은 너무도 예민하고 감정의 기복이 심해서 특히 주의해서 관찰하고 슬쩍 던지는 말이나 표정이 변화도 놓쳐서는 안되는 것을….

아이도 아프다

아이들이 커서 중학교에 다닐 때쯤이 되자 우리 부부는 심각한 고민에 빠졌다. 이제 막 아이들도 학교생활에 적응하기 시작하고 친구들이 엄마 아빠보다 더 좋아지기 시작할 무렵이었다.

문득 생각하니 나도 연락이 닿는 친구들이 거의 없었다. 결혼식 때 찾아왔던 친구들, 학교 친구들은 처음 몇 번은 연락도 되고, 친구들 결혼식이나 아이들 돌잔치나 경조사 때 가끔 연락도 하곤 하더니 이제는 아예 연락조차 되질 않는다.

결혼 후 서울에서 사는 언니는 항상 친구들과 어울려 맛있는 곳 찾아다니고 집안 행사에도 우르르 몰려다닌다. 거기에 비하면 옛날 생각이 나도, 수다를 떨어야 풀릴 일이 있어도, 집안 경조사가 있어도 찾아보고 연락할 친구 하나 없는 나 자신이 너무 외롭고 한심해 보이고 초라하기까지 하였다.

당시 남편이 대대장으로 부임한 곳은 우리나라 최동북단 강원도 거진이었다. 지금은 금강산 육로 관광을 위해 철책을 없애고 길을 연결한 곳이지만 남편은 매일같이 눈앞에 펼쳐진 금강산의 절경과 푸른 동해를 바라보며 비무장지대 155마일의 철책선 첫 번째 말뚝을 잡고 우리나라의 조속한 통일을 기원하면서 엄숙하게 근무했다고 늘 자랑스럽게 말한다.

아무튼 40세가 넘어서 전방 대대장으로 근무하게 된 우리에게 할당된 관사는 자그마한 18평형 아파트였다. 안방과 작은 방 그리고 거실 겸 방으로 만든, 큰아이가 태어났을 때에 살았던 아파트와 똑같은 모양의 낡은 아파트였다.

당시 우리 군은 신혼부부의 초급간부에게도 중고등학생 자녀를 가진 중년의 간부들에게도 똑같은 집을 제공하고 있었다. 방의 크기는 둘째로 치더라도 이제 다 큰 오누이에게 각자 생활할 공간을 제공할 수가 없었고 그나마도 부임 후 몇 달이 지나서야 관사에 입주할 수 있었다. 대대장 임기가 2년이지만 임기를 마치고 또 어느 부대로 옮길지 모르니 겨우 1년 반이면 다른 곳으로 발령을 받아 이사할 수밖에 없어 아이들은 중학교 다니는 동안에 두 번이나 전학해야 했다. 큰 문제가 아닐 수 없었다.

결국, 가까운 지방 도시에 민간 아파트를 임대할 수밖에 없었다. 60만 대군을 움직인다는 군대가 장교 보직 하나도 미리미리 정해주지 못해 임기 마칠 때가 되어서야 겨우 결과를 알려주고, 관사도 부족해서 몇 달씩 기다리게 하는지…. 다른 나라 장교들은 적어도 1~2년 전에 미리 전화번호까지 주던데 말이다.

남편의 말로는 조금이라도 진급 잘되는 자리에 가려고 사람 줄 잡고 당겨주기 하느라 그렇다고 했지만 아무리 생각해도 이해가 안 됐다.

결국, 고심 끝에 차로 1시간 이상은 걸리는 대도시로 학교를 보내기로 했다. 아빠가 보직을 옮겨도 적어도 중학교는 한곳에서 마칠 수 있도록 하기 위해서였다. 아빠와 가까이에서 살기는 하지만 별거할 수밖에 없는 실정이었다. 겨우 마련한 내 집을 두고 나라에서 제공하는 관사를 두고도 타향에 전셋집을 얻어야 하는 현실에 눈물이 절로 나왔다.

나나 남편이야 한두 번 경험하는 것도 아니라 괜찮았지만, 귀국해서 고작 1년 이제 막 정을 붙인 학교와 친구들과 작별해야 하는 아이들을 생각하니 가슴이 먹먹해졌다. 또 몇 번을 옮겨야 할지 모르고, 또 어떤 고등학교를 가게 될지도 모르는 아이들의 신세가 너무나 가련했다. 하지만 중령이 되어 대대장 임무를 수행하는 것이 남편의 군 경력에도 결정적인 영향을 주기 때문에 내가 꼭 있어야만 하는 중요한 시기였으므로 어쩔 수 없이 한 번 더 이사하기로 하였다.

아이들은 별말 없이 부모의 결정에 따르겠다고는 했지만 녀석들의 우울한 얼굴과 부쩍 적어진 말수가 나를 더욱 안타깝게 했다. 남편도 나도 아이들도 그 문제에 대해서는 애써 입을 다물었다. 열어봤자 생채기에 소금 뿌리기일 뿐이라는 걸 너무도 잘 알기 때문이었다.

취임식에 다녀오고 이사할 곳에 전셋집을 구하고, 전학을 신청하고, 살던 집을 부동산에 내놓고, 아이들 전학을 준비하고, 관사로 옮길 짐 전셋집으로 옮길 짐을 따로따로 구분해서 싸는 등 눈코 뜰 새 없이 바쁘던 어느 날 딸아이에게서 전화가 걸려왔다. 그런데 아이는 전화기를 잡고 아무 말이 없이 울먹이기만 하는 게 아닌가? 그렇지 않아도 아이들만 남겨두고 급하게 넘어온 터라 무슨 일이라도 생기면 어떡하나 걱정하던 참이라 가슴이 철렁했다.

"애야 무슨 일이라도?"

다급해진 내 목소리를 뚫고 아이는 모기만 한 소리로 말했다.

"엄마, 그거 알아?"

"나 초등학교 아홉 군데 다녔어!"

떨어뜨리고만 전화기에서 흐느끼는 아이의 소리가 들려왔다.

"전학할 때마다 죽는 것만큼 싫었단 말이야!"

결국, 딸아이의 눈물 어린 하소연에 그만 두 집 살림을 하기로 했다. 아이들 교육과 남편 뒷바라지의 두 마리 토끼 중 한 마리만을 쫓기로 한 것이었다.

돌이켜보면 정말 정신없는 삶이었고, 아이들이 눈물을 쏟을 만한 시간들이었다. 장교의 야전부대 근무는 대개 1년 단위로 바뀌기 때문에 남편이 부임하고 한 달쯤 지나면 이사를 가야 했다. 후방지역으로 나갈 경우에는 더욱 심했다. 관사나 아파트를 빨리 비워줘야 하는 까닭에 서너 달 전에 미리 셋집을 구해 이사를 해야 했다. 상황이 그러다 보니 아이들은 한곳에서 한 학년을 채우기가 힘들었다.

남편은 전후방 각급 제대를 이리저리 옮겨 다니면서도 부지런히 공부해야 한다며 외국 유학을 두 번이나 다녀오고, 아이들이 어릴 때 그리고 가능하면 젊은 시절에 해외감각을 익혀 글로벌 솔져가 되어야 한다며 해외 근무도 여러 번 나갔다.

남들이야 유학도 가고, 해외 근무도 떠나니 좋을 거라고 부러워했지만, 매번 훌쩍 가방 하나만 들고 떠난 남편을 대신해, 살림을 정리하고 아는 집에 아이들을 맡기고 다시 아이들을 다독여 헐레벌떡 비행기에 올라, 또 낯선 곳에서 새로운 살림을 꾸려나가는 것은 결코 쉽지만은 않았다.

급격한 환경의 변화에 적응하느라 나름의 노하우도 생겼다. 아이들이 새로운 환경에서 입을 데미지damage를 최소화하기 위해 머리를 짜내다 보니 앞을 내다보는 선견지명이 생긴 것이다. 아이들이 좋아하는 음식 재료, 장난감, 책, 옷, 한국 교과서는 물론 참고서까지 챙기고, 돌아올 때도 마찬가지로 늘 머릿속으로 몇 년 후의 아이들의 모습을 그려가며 물건을 챙겼다. 신기하게도 미리 챙겨간 물건들은 꼭 쓸 데가 생겼다. 생각지도 않았던 물건을 건네주는 나를 향해 아이들이나 주위 사람들은 가끔 놀라움을 표했다.

"그건 어떻게 미리 알고 준비했어?"

군인 가족으로서 늘 불확실하고 불안정한 생활을 하다 보니 잃은 것도 많지만, 얻은 것 또한 많다. 한때 힘들어 했지만 결과적으로 아이들은 그 어떤 낯선 환경에서도 빠르고 쉽게 적응하는 법을 터득했고, 엄마인 나는 아이들의 앞날을 미리 예측하고 움직이는 법을 깨달았다. 이는 생활을 하면서 아이들과 소통하고 교육의 방향을 정할 때 놀라운 효과를 발휘했다. 위기도 잘만 이용하면 기회가 될 수 있다는 말이 새삼 실감이 난다. 세상일에 절대적으로 좋고 나쁨이 없다는 말이 그냥 생긴 말은 아닌 듯하다.

See You, See Me!

3D 영화 〈아바타〉에서 판도라 행성에 사는 나비 족은 종족 간에는 물론 다른 종족과 그리고 동물과 식물과도 서로 소통한다. 길게 땋은 머리를 말의 갈기에, 새의 깃털에 연결하여 한마디의 명령도, 채찍이나 박차도 없이 원하는 곳으로 오고 간다. 심지어는 식물의 씨앗들과도 교감하고 영적 신앙의 대상인 신성한 나무의 늘어진 가지에 연결하여 신령한 영혼과도 서로의 의사를 나눈다.

서로의 손을 잡고 에너지를 모아 죽어가는 사람에게 불어넣기도 한다. 그들의 길게 땋은 머리는 마치 광케이블처럼 인간과 인간, 인간과 자연, 인간과 초자연의 세계를 연결하는 도구다. 동물끼리도 서로 소통하고 모든 식물이 뿌리와 뿌리로 연결되어 있다. 모든 존재가 서로 마음을 주고받으며 서로 존중하며 살아가는 일치의 세상이다. 자신만의 이익을 위해 다른 존재를 속이고 짓밟고 무시하지 아니하고 조화를 이루며 함께 살아가는 세상이다.

그리스 신화의 판도라 상자 속에 남아 있던 그 마지막 '희망'이 활짝 핀 이상향이랄까?

그들은 서로 만나면 "나는 당신을 봅니다I See You!" 하고 인사한다. 아마도 상대방의 마음을 본다는 이야기일 것이다. 얼굴 생김새

나 입고 있는 옷이나 사는 집이나, 타고 있는 자동차가 아닌 그 사람 본래의 모습, 진실된 자아, 순수한 자연 그대로의 모습을 보고 느끼고 있음을 그들은 "당신을 봐요." 하고 인사하는 것이다.

"당신을 봅니다." 하고 말하는 것은 "당신도 나처럼 순수한 자연입니다." 하고 인정하는 것이다. 그들은 서로 감추지 않고 꾸미려 하지 않는다. 거리낌 없이 보여준다. 있는 그대로 생긴 그대로를 보여주어야 서로 소통할 수 있기 때문이다. 서로 경쟁도 질시도 하지 않는 그들의 세상에서는 어쩌면 꾸밀 것도 감출 것도 없는지 모른다.

그들은 '사랑한다고'라고 말할 때에도 "I See You!" 하고 말한다. 구태여 해석한다면 "나는 당신을 알아요."일 게다. 아는 것과 보는 것이 둘이 아니라 하나不二라는 이야기다. 성경에서도 아담은 이브는 '알았다' 고 말했다.

우리는 언제 사랑한다고 말할까? 그 누군가를 나만큼 알 수 있을 때, 알고 싶을 때, 그래서 그와 내가 둘이 아니라 하나라고 느낄 때 비로소 그렇게 말하지 않는가? 서로가 다른 곳을 보거나 서로가 알지 못하면 사랑한다고 말할 수 없다. "See You!"가 안 되는 것이다.

누군가를 사랑하고자 한다면, 누군가를 알고자 한다면 그를 보고 알고자 하는 만큼 나 자신을 적극적으로 보여주고 알려주어야 한다. 소통과 교감의 차원을 넘어 일치의 차원, 즉 사랑은 그렇게 보여주고 보고, 알려주고 알아차리는 것이다.

보여주지 않으면 볼 수 없을 것이요, 알려 주지 않으면 알아차리지 못한다. 보려 하지 않으면 볼 수 없고, 알려 하지 않으면 알지 못한다. 즉 사랑하려 하지 않으면 사랑할 수 없는 것이다. 보여줌과 알아차림 또한 사랑하지 않으면 불가능하다.

아이들과도 서로의 마음을 보고 서로의 마음을 알아야 가르치고 배우고 이끌고 따를 수 있다. 어떻게 하면 아이들을 잘 볼 수 있을까? 어떻게 하면 나의 마음을 잘 보게 할 수 있을까?

먼저 나 자신을 볼 줄 알아야 한다. 나 자신이 어떤 사람인가를 먼저 알아야 한다. 그리고 나서 내 아이가 어떤 아이인지 어떤 생각을 하고 있는지 면밀히 관찰하고 알아야 한다.

즉, "See Me." 하고 "See You." 해야 한다. 그래야 아이와 100% 소통하고 교감할 수 있다.

엄마는 어떻게 생각하고 무엇을 원하며, 우리 아이는 무엇을 생각하고 무엇을 원하는지를 잘 알아야 서로의 사이클을 맞출 수 있다. 그래야 두 사람의 생각이 공명을 일으켜 상승효과를 낼 수 있다. 먼저 엄마가 아이를 있는 그대로 보고 받아들여 주어야 아이도 자신을 보여주고 엄마를 보고 엄마의 마음에 귀 기울이고 받아들여 준다.

서로 보고 알아가는 과정은 정말 많은 시간과 인내를 요구한다. 아이와 엄마의 생각과 바라는 바가 다를 때, 서로가 다른 방향을 보고 있을 때 엄마의 가슴은 타들어 간다. 하지만 화를 내거나 성질을 부리면 그 사이는 점점 벌어진다. 시간을 갖고 내가 무엇을 보고 있는지, 무엇을 놓지 못하는지 알아차리고, 내가 아이라면 무엇을 보고 싶어 하는지를 알아차리면 쉽게 아이와 대화가 통한다.

상대를 알고 나를 알면 백 번 싸워도 위태롭지 않다知彼知己 百戰不殆고 했다.

교육도 엄마와 아이, 교사와 학생이 서로가 다른 곳을 보고 다른 생각을 하면 서로의 생각도 감정도 내 것으로 받아들일 수 없다. 당연히 서로 소통하고 서로 교감할 수도 사랑할 수도 없다. 서로 물과 기름 같은 사이가 되고 만다.

가정에서 아이와 부모가, 학교에서 선생과 학생이, 또래 친구들 사이에 사회에서 마음을 활짝 열고 서로 보고 보여주고 서로 알고 알려고 할 때 비로소 완성할 수 있다.

우리가 모두 "See me, See you." 한다면 가정과 학교와 사회에서의 교육은 물론 모든 일이 자연스레 좋은 방향으로 이루어질 것이다. 당연히 그 기초는 엄마와 아이 사이에서 먼저 만들어져야 한다. 그렇게 만들어 나가는 것은 물론 엄마의 몫이다.

Chapter 4

내 아이를 위한 맞춤 교육

주입보다는 원리부터

"엄마 한자 때문에 미치겠어."

녀석의 눈에 눈물이 그렁그렁했다. 다른 과목은 그럭저럭 알아듣겠는데 한자는 문자 그대로 마이동풍이란다. 5학년이 되어서야 처음 접하는 한자이니 쓰기는 물론 읽기마저도 전혀 생소할 수밖에. 그냥 외워서 시험을 보려 해도 획 하나하나를 다 외워 그린다는 것이 엄두가 나지 않았는지 몇 번 시험에서 빵점을 맞더니 이제는 겁부터 냈다.

중학교에 들어가는 딸아이도 문제가 심각했다. 아예 포기하고 한 문시간에 수학참고서를 보고 있다고 고백하는 것이 아닌가! 나 또한 한문 하면 진저리가 날 정도로 싫어했던 과목이라 그 심정을 충분히 공감하면서도 딱히 도와줄 방법이 없었다.

"저녁夕에는 초승달이 떠오르잖아. 그런데 저녁때가 되면 엄마가 '준식아' 하고 밥 먹으라고 부르지? 입口으로 말이야. 그래서 저녁때 입으로 부르는 것이 이름名이란다. 대문門 앞에서 '계세요?' 하고 물어보지? 그래서 물어본다는 문問자가 만들어졌단다. 나무木그늘에 사람人이 있으면 쉰다休는 거지. 나무木가 많으면 숲林이 되고 우산에서 물방울이 떨어지면 비雨란다."

그렇게 한 글자 한 글자가 어떻게 만들어졌는지를 알아내고 그 글자들이 서로 합쳐져서 서로 다른 글자를 만들어내고 또 음도 비슷하게 만들어낸다는 것을 알려주자 아이들은 한자 공부를 재미있어 하게 되었다.

"여기에서 지긋이 힘을 주고 여기에서 힘을 빼고 길게 여운을 남기면서 쓰는 거야."

달력 뒷장을 온통 그림과 한자 획으로 가득 채운 후에야 남편의 한자 교육은 끝났다. 녀석들은 방바닥에 엎드려 '아하!' 고개를 끄덕이기도 하고 손뼉을 치며 깔깔거리기도 하면서 아빠의 손끝에서 그려지는 한자의 원리를 깨우쳐 갔다.

무조건 외우고 따라 그리던 한자 공부에서, 글자 하나를 놓고 한참 동안을 뚫어져라 들여다보고 중얼거리기도 하고 그림도 그려보고 하면서 꼼짝도 않는 시간이 점점 길어졌다.

"원리를 아니까 이렇게 재밌는데…."

왜 무조건 외우라고 했느냐며 나를 원망스럽게 쳐다보았다.

그리고 그다음 주 한자시험에서 100점을 맞아 왔다.

녀석이 늦게서 공부에 두각을 나타낼 때까지 만점을 받은 과목은 한문뿐이었다.

한자를 만드는 '상형, 지사, 회의, 성형, 가차, 전주' 방법을 설명해 주자,

"아휴, 한자를 만든 사람들 정말 머리가 좋은가 봐요. 한자가 정말 과학적이야."

하고는 더더욱 한문공부를 열심히 하더니 고등학교에 가서도 중국어 과목을 선택했다.

한문공부를 통해 배운 '원리와 뿌리를 찾고 이해하고 응용하는 학습 방법'을 모든 과목에 적용하려고 노력했고, 또한 연상법을 통해 문제를 해결하는 능력을 길렀던 것이다. 그리고 그 '100점'은 녀석에게 하면 된다는 자신감을 심어주었다.

어느 날, 또 한자공부를 하고 있던 녀석이 나에게 달려왔다.

"엄마, '보리 보 자字'야, 보리 보!" 위대한 발명이라도 한 듯 자랑스럽게 녀석이 내민 종이에는 획마다 점을 가득 찍은 개 견犬 자가 크게 그려져 있었다.

'보리'는 녀석이 밤마다 끌어안고 자는 흰색 말티즈의 이름이었다.

진짜 공부는 짜투리 시간에

"엄마, 화장실 메모지 바꿔주세요."

"현관 것도요."

아이들이 색색의 포스트잇 한 줌을 탁자 위에 올려놓는다. 해외에 나가 있던 몇 년 동안 배우지 못한 부분을 보충하랴, 수업진도도 따라가랴 이중 부담을 겪는 아이들이 안쓰러웠다. 따라잡는 시간이 길어질수록 그 격차는 점점 더 벌어지는데 도저히 시간이 나지 않았다. 우선 현재 진도를 따라가는 데 필요한 부분부터 공부시켰지만 아무리 시간을 쪼개고 쪼개도 녀석들에게 하루는 너무 짧았다. 그야말로 일분일초가 금쪽같았다.

아이들이 허투루 보내는 시간이 없도록 최대한 머리를 짰다. 텔레비전 보는 시간, 노는 시간, 학교에 오가는 시간을 줄이고 심지어 세수하고 양치질하는 시간까지 줄여보았다. 하지만 별 효과가 없었다.

'어떻게 하면 시간을 만들어 줄 수 있을까?' 당시 내 머릿속에 가득 찼던 화두였다.

문득 낭비하는 시간을 줄이려 하지 말고 사용 가능한 시간을 늘려보자는 생각이 들었다.

식사시간, 옷 입는 시간, 신발 신는 시간, 거울 보는 시간, 화장실에 앉아 있는 시간, 학교에 오가는 시간, 잠자기 전 시간 등등 불과 몇 초 몇 분에 지나지 않는 자투리 시간이지만 모아 놓으면 꽤 될 것 같았다. 티끌 모아 태산이고 작은 금쪽을 모아 녹이면 큰 황금 덩어리가 되듯이. 그 시간을 공부하는 데 사용하자고 생각한 것이다.

메모지에 큼직한 글씨로 요점 정리를 해서 붙였다. 아이들의 동선을 따라 조금이라도 눈길이 머무는 곳이라면 여지없이 포스트잇으로 도배를 했다. 화장대 거울, 화장실벽, 베란다 창문, 컴퓨터 모니터, 텔레비전 화면, 신발장 옆, 심지어는 침대 베개 위에도 메모가 붙었다.

병풍처럼, 부채처럼 접어서 호주머니와 신발주머니에 넣어 주었다. 눈이 닿는 곳, 손이 닿는 곳이면 어디든지, 언제든지 공부 할 내용을 볼 수 있도록 신경 썼다.

처음에는 어색해하던 녀석들도 금세 적응해나가기 시작했다. 신발을 신으면서 슬쩍 본 수학공식은 엘리베이터에서 내리기 전에, 화장실에서 외운 한자 단어는 그 자리에서, 호주머니에 들어있던 국사 연표는 버스에서 내리기 전에 그때그때 외웠다. 습관적으로 켜던 게임기 모니터나 텔레비전도 그 옆에 붙은 붉은색 메모지 덕에 금방 꺼버렸다. 아이들은 책상에 앉아 두꺼운 참고서와 씨름하는 것보다 훨씬 학습효과가 좋다고 말했다.

궁하면 통하는 법. 벼랑 끝에서 찾아낸 작은 오솔길 같은 그 금쪽

자투리 메모 덕분에 몇 년간의 공백을 금세 채울 수 있었다. 뿐만 아니라 메모지를 만들기 위해 요점을 정리하고 이해하고 암기하는 방법, 그리고 작은 시간도 소중히 사용하는 방법은 쭉 계속됐다.

매일매일 배운 것을 메모로 만들어 소화하고, 완전히 이해해야 그날 공부가 끝났다. 아무리 어려운 문제도 메모지로 요약 정리하다 보면 문제의 핵심을 찾아내고 중요한 원리끼리 연상하고 쉽게 이해할 수 있었다. 또한 순간적인 집중력과 직관력이 높아졌고 스스로 문제를 해결하는 능력이 길러졌다.

이렇게 요약, 정리, 메모, 이해, 연상하는 능력과 집중하고 직관하는 능력은 수능시험을 비롯한 각종 시험, 그리고 방대한 양의 법전과 전공과목을 망라하는 변리사 고시에서 그 진가를 유감없이 발휘하였다. 아이들이 학원이나 과외공부에 별 시간을 뺏기지 않고, 고시학원이나 고시원을 이용하지 않고도 비교적 수월하게 공부할 수 있게 된 것이다.

이런 공부법을 통해 아이들은 아무리 작은 것이라도 가볍게 다루지 않는 습관을 지니게 되었고, 메모지를 만들어 주면서 그리고 그 요약지를 통해서 엄마와 아이들이 매 순간순간 같이하고 있음을 서로가 느낄 수 있어서 더욱 좋았다.

엘리베이터의 아침밥

"한 수저만 더! 아~ 해."

아침마다 밥그릇을 들고 전쟁을 벌여야 했다. 단 몇 분 몇 초라도 더 자려는 아이와 아침밥을 먹여 보내야 직성이 풀리는 나 사이에 벌어지는 전쟁이다.

밤늦게까지 공부하고 새벽녘에야 겨우 잠든 아이들. 시간이 없기도 하지만 깔깔하기만 한 입맛 덕분에 아이들은 더더욱 아침밥을 싫어했다.

신혼 초, 비상이 걸려 새벽에 출동하는 남편 앞에 밥상을 놓고, 한 술 떠야 보내주어 억척 마누라 소리를 듣던 내가 아이들 아침밥을 굶겨 보낼 리 없다.

"한 숟가락이라도 뜨고 가! 제발."

애걸하다시피 하는 내가 보기가 안쓰러워서 자리에 앉았다가도 입맛이 없다고, 시간이 늦었다고 금세 숟가락을 내려놓는 아이를 보는 것도, 일찍 일어나 이것저것 정성을 다해 준비한 음식이 고스란히 남는 것도 아쉽기 짝이 없다. 남은 음식이야 학교에서 돌아온 뒤에 먹여도 되겠지만, 빈속으로 학교로 향하는 아이를 보내는 것이 너무나도 속이 상했다.

기진맥진해 돌아오는 모습을 보면, 혹 배가 아프거나 속이 안 좋다고 하면 아침을 걸러서 그런 것 같아 마음이 아팠다. 아침을 먹어야 건강하고 공부도 잘한다고 하지 않던가!

'그래 내가 누구야? 꼭 먹게 만들고야 말 거야'

나는 식탁을 차리는 대신 쟁반에 밥과 반찬, 국그릇을 챙겼다. 아이가 가방을 메고 엘리베이터에 타는 순간 나도 같이 따라 탔다. 그리고는 녀석의 입에 밥을 넣어 주었다.

"아~ 해."

깜짝 놀란 아이가 엉겁결에 입을 벌리고 받아먹었다.

"엄마, 이게 뭐야."

아들은 그래도 무던하게 받아먹었지만, 딸애는 황당해하다 못해 짜증부터 냈다.

"엄마, 창피하게⋯."

하지만 나는 1층까지 내려가는 동안 몇 숟가락 먹이고 아파트 현관에 서서 두어 숟가락을 더 떠먹였다. 같이 엘리베이터에 타고 있던 사람들은 빙긋이 웃기도 하고 지독한 엄마라고 혀를 내두르기도 했지만 나는 아랑곳하지 않았다. 빈속보다야 한두 숟갈이라도 속을 채워 보내는 게 낫다는 것이 나의 신념이라면 신념이었다. 녀석들도 나의 고집을 아는지 아무 말 없이 받아먹었고 별로 창피해하지도 않았다.

그렇게 나의 '엘리베이터 아침밥 작전'이 시작됐다.

　다음 날은 아예 주먹밥을 만들었다. 숟가락으로 입에 떠 먹이는 것보다 한입에 쏙 넣기 쉬운 메뉴를 개발한 것이다. 몸에 좋은 것은 다 넣은 엄마표 주먹밥. 먹다 남은 것들은 버스 정류장까지 가면서 그리고 버스 안에서도 먹으라고 안겨 주었다. 따끈한 국물은 빠지지 않고 따로 준비했다. 급하게 먹은 밥을 잘 소화시키라는 생각에서였다. 심심하게 끓인 따끈한 된장국이나 미역국을 후루룩 마시고 쓱 입가를 닦고 뛰어가는 모습을 보고 나서야 나는 한숨을 쉬었다. 토스트나 빵 같은 걸 만들어 달라는 녀석들의 주장은 아예 처음부터 묵살했다.

　"아침에는 밥을 먹어야 속이 편한 거야. 밀가루 같은거 먹으면 속이 휘둘려!"

　어려서부터 어머니에게 귀에 따갑게 들어온 소리를 나도 모르게 아이들에게 하고 있었다. 온종일 공부하는 아이들에게 나 편하자고 간편식을 먹일 수는 없었다.

　우리 집 아침밥상에는 국과 찌개는 물론 생선과 불고기, 갈비찜까지도 차려진다. 커다란 샐러드 볼에는 아이들이 좋아하는 신선한 채소와 과일 샐러드를 가득 만들어 놓는다. 아침밥은 늘 새로 지은 밥이다. 기름이 잘잘 흐르는 새로 지은 밥을 호호 불면서 먹는 모습을 보는 것보다 더 즐거운 것이 어디 있을까?

　나는 지금도 전기밥솥을 쓰지 않는다. 한꺼번에 많은 밥을 지어 놓으면 맛도 변하고 영양도 떨어지기 때문이다. 마찬가지 이유로 나는 밑반찬을 미리 만들지 않는다. 신선한 재료로 만든 반찬이 영양도 살아있다. 아침밥을 먹는 아이들이 체력은 물론 뇌의 활동도 활발하다고 한다. 아침밥을 든든히 먹어야 힘차게 하루를 시작할 수 있고, 뱃속이 든든해야 자신감도 생긴다. 그렇게 하는 것이 가족에 대한 나의 사랑이요, 의무라고 생각해서 이것만은 철저히 지켰다.

남편이 새벽에 출근하는 날은 물론 비상이 걸려 뛰어나갈 때도 나는 아침밥부터 챙겼다. 철책을 지키는 군인인지라 항상 마지막 아침일 수도 있다는 마음으로 차려주었다. 군화 끈을 묶는 남편 옆에 쪼그리고 앉아 밥 한술을 입에 떠 넣어 주면 남편은 군복 소매로 쓱 입가를 닦으면서 웃었다.

"당신이 먹여주는 밥이 최고야!"

남들은 손쉽게 토스트에 우유 한 잔으로 때우기도 하고 김밥을 사다가 주기도 한다는데, 또 남편이 출근하건 말건 아이들이 학교에 가건 말건 아예 관심도 없다는데 나는 그게 안 된다.

어쩌다가 친구들과 아침 식사 얘기를 하면,

"얘 요즘에 아침에 밥 먹는 집이 어딨니?"

하고 핀잔을 주거나

"남편하고 애들은 길들이기 나름이야, 이 바보야."

아예 바보 취급이다.

어느 날 아이들이 말했다.

"엄마, 애들이 수업시간에 다 자."

아침밥을 먹지 않으면 뇌의 활동에 필수적인 포도당이 부족해져서 나른해지는데 자기들은 오히려 시간이 지날수록 머리가 맑아지고 힘이 솟는다는 것이다.

오늘도 새벽에 일찍 집을 나서는 아들 녀석이 한 말이 나를 행복하게 한다.

"엄마, 밥 좀 더 줘요!"

처음부터 약한 아이는 없다

"전학시키세요."

아이가 도저히 학교생활에 적응 못 하고 있으니 학교를 옮기라는 말이었다.

"아니, 학교에서 해결해야지 어떻게 그런 말을 해요."

따지자 교장은 냉담하게 고개를 돌렸다. 이런 한심한 학부모가 있느냐는 듯.

"그 집 아이가 다른 학생들에게 좋지 않은 영향을 주잖아요?"

아니 우리 아이가 무슨 전염병이라도 앓고 있단 말인가!

교육체계가 다른 외국에서 전학 온 까닭에 학교 수업을 제대로 알아듣지도 못하고, 사교성이 떨어져 아이들과 어울리지도 못해, 다른 아이들이 못살게 구는 구실을 제공하고 있으니 교장을 비롯한 학교 선생들을 번잡하게 만들지 말고 차라리 다른 학교로 가라?

나는 기가차서 제대로 된 말조차 꺼내지 못했다.

아이를 괴롭힌다는 친구의 엄마들도 만나서 도움을 청했지만 자기 아들이 그럴 리 없다고 '댁의 아들이 못나서 그런 것 아니냐?'며 오히려 적반하장이었다. 학교도 선생도 부모도 어느 누구 하나 귀를 기울이거나 책임을 지려 하지 않았다.

불현듯 예전 영국에서 있었던 일이 생각났다.

"엄마 나 한국 가고 싶어."

영국학교에 전학한 지 이제 겨우 한 달 남짓 되던 때, 녀석이 꺼낸 말이었다. 친구들 몇몇이 동양인이라고 놀리자 화가 나서 그렇게 하지 말라고 밀쳤다는 것이다. 그러자 선생님은 아이들 말만 믿고 먼저 손을 댄 우리 아이에게 벌을 준다는 것이었다.

그 애들이 먼저 그랬다고 손짓 발짓 섞어 얘기했지만 고스란히 그 벌을 다 받을 수밖에 없었고, 한두 번 이런 일이 반복되면서 아이들의 괴롭힘은 날로 심해져, 더욱 거친 대응을 할 수밖에 없었다고 했다. 사태의 심각성을 깨달은 남편은 결국 교장 앞으로 편지를 썼고 교장은 우리와 그쪽 아이들 부모를 모두 불러서 며칠 동안 상의했고 해결책을 같이 모색했다. 선생님이나 부모가 자연스럽게 감시하고 지도해서 아이들끼리 가까워지도록 시간을 두고 천천히 해결해갔다.

새로 전학 온 외국인 친구가 어떤 어려움이 있으며 어떻게 도와주어야 하는가? 수업시간에 토의도 시키고 왕따 시킨 아이들 하나하나에게 구체적으로 어떤 도움을 줄 수 있는지 숙제를 부여했다. 마침 녀석의 생일이 있어서 파티를 열어 아이들과 부모를 같이 초청했고 한식도 먹여주고 서로 작은 선물을 교환했다. 그쪽 아이들 부모들도 돌아가며 파티를 열어 아이들이 모두 친해지도록 해 주었다.

이렇게 학교와 선생님과 학부모가 하나가 되어 노력한 덕분에 녀석은 왕따에서 벗어났다.

헌데 지금 아들이 다니는 우리나라 학교의 폭력은 예전 영국학교와 비교할 수 없을 정도로 심각했다. 그것은 단순한 놀림이나 괴롭힘이 아니었다. 물건을 빼앗고, 이유 없이 때리고, 다른 아이들과 합세해 누구도 친하게 지내지 못하도록 협박하는 등 갖가지 악랄한 방법으로 사람을 고통스럽게 만들었다. 가관인 것은 그런 행태를 대하는 교사나 부모가 오히려 그런 문제를 덮고 책임을 떠넘기기에 급급하다는 사실이었다.

하는 수 없이 남편에게 말할 수밖에 없었다.

다음 날 저녁, 남편은 아이를 아파트 뒷산으로 데리고 갔다. 그리고 상대 아이를 제압하는 방법을 가르쳤다. 모두가 모른체 하니 스스로 해결해야 한다는 것을 깨닫게 하려고 소위 '싸움의 기술'을 가르친 것이다. 힘에는 힘으로 대응해야 한다는 것이다. 유도, 태권도, 검도에 특공무술까지 수련한 남편은 간단한 기술 몇 가지를 가르치고는,

"도망가지 말고 당당하게 행동하고 반드시 선제공격해라."

"먼저 손날로 목을 치고 발을 걸어 넘어뜨리고 양팔을 두 발로 꽉 누른 다음 항복을 받아라."

구체적으로 실습까지 마친 아이는 다음날 뒤에 열댓 명의 아이들을 거느리고 위풍당당하게 돌아왔다. 단번에 새로운 강자가 된 것이었다. 녀석은 그동안 약자였던 아이들을 잘 보살펴 주었다. 심지어는 새로 사준 장난감이며 신발을 나눠 주기도 하고 도시락을 통째로 주고 자기는 굶고 오기도 했다. 아들은 다음 학기에 반장이 되었다.

요즘 학교 폭력이 큰 이슈가 되고 있다. 처음에는 놀리는 재미로 시작된 학교 폭력이 이제는 도를 넘어서 자살하는 학생이 나와도 누가 잘못하고 있는지를 모른다. 자기들 할 일은 안 하고 그저 남의 탓만 하고 괜히 경찰을 학교에 끌어들인다, 감시원을 배치한다는 등 요란만 떤다. 효과는 별로 없는데 뭔가 보여주기 바쁘다.

부모와 선생이 자기 할 일을 다 하면 될 것을 말이다. 집단 괴롭힘은 물론이고 폭력과 성적 폭력까지도 난무하고 있다. 어쩌다 이런 상황에까지 이르렀을까?

모두가 타성에 젖은 교사와 내 아이만 챙기기에 바쁜 부모들의 책임이다. 액션 영화와 조폭 영화가 인기를 끌었을 때, 인기에 영합하여 오로지 돈 벌기에 바빴던 우리 연예계가 조직 폭력을 미화하기까지 할 때, 그것이 자라나는 아이들에게 어떤 영향이 미칠 것이라고 아무도 예견하지 못했던 부모, 학교, 사회는 지금도 서로 책임을 떠넘기기에 급급하다.

학교 폭력 문제도 결국은 가정에서의 소통 문제부터 시작된다. 이제 아이들 관찰 그리고 가해 학생과 피해 학생 부모들의 협조 등 우리 어머니들이 발 벗고 나서야 한다.

시험 공포증을 지워라

우리 아이들은 늘 시험 결과가 좋지 못했다. 공부한 만큼 아는 만큼 점수가 나와야 하는데 그렇질 못하니 아이들은 점점 주눅이 들어갔다. '언젠가는 잘 나오겠지' 막연한 기대와 위로도 한두 번. 아이들이 시험 공포증에 빠져 좌절하거나 자포자기를 해버리는 것이 아닌가!

시험이 임박해서야 공부한답시고 밤잠을 설치고 늘 시간에 쫓겨 허덕이다 결국 시험을 망치고 '다음에는 미리미리 준비해야지' 하고 결심하지만, 막상 시험이 끝나면 까마득하게 잊어버리고는 다시 시험 때가 되어서야 허겁지겁 책을 펴는 악순환을 거듭했다. 아이들을 보면서 어쩌면 내 학창시절 그때와 그리도 똑같은지 안쓰러웠다.

어떻게 하면 시험 점수가 잘 나오게 할 수 있을까? 아니 공부한 만큼 나오게 할 수 있을까? 어떻게 하면 아이들이 시험 공포증에서 벗어나게 할 수 있을까?

우리 아이들이 시험 없는 세상에서 살 수는 없는 걸까? 점수나 등수를 걱정하지 않고 즐거운 학창시절을 보내게 해 줄 수는 없을까? 자기들 하고 싶은 대로 낭만을 즐기게 해 줄 수는 없을까? 어쩌면 나뿐만 아니라 대한민국 모든 부모의 한결같은 소망인지도 모른다.

모두가 좁은 문을 뚫어야 하는 이 경쟁사회가 싫어서 이민을 가거나 조기 유학을 시키는 부모도 있다던데 그렇게 할 수는 없으니 어떤 식으로든 한번 시도라도 하고 싶었다. 학교도 사회도 정부도 할 수 없다면 나라도 한번 해보고 싶었다.

그러다가 문득 시험이라는 것을 만들어 낸 사람들이 미워졌다. 그런 제도를 만들고 문제를 출제하고 채점하고 석차를 매기는 사람들. 또 시험 덕분에 인기를 누리는 학원 강사며 과외교사들, 자기 아이 공부 잘한다고 입만 열면 침 튀기는 친구들까지 미워졌다. 그들은 적어도 시험 공포증과는 무관할 것 같았다. 아니 오히려 시험으로 먹고 살고 시험을 즐기고 시험 때문에 고생하고 좌절하는 사람들을 보며 희열을 느끼지나 않을까?

그들에게는 시험 지옥이 아니라 시험 낙원일 터이니 부러움과 시샘과 아울러 알 수 없는 분노가 뭉글거리며 올라오기 시작했다. '나도 그럴 수 있으면 얼마나 좋을까' 하며 한없이 낙담하다가 문득 오기가 솟구쳐 올랐다.

'나도 시험 가지고 한 번 놀아보자. 까짓 것 맘만 먹으면 못할 게 뭐가 있어!'

한창 중간고사 준비에 바쁜 아이들을 불렀다.

"지금부터 문제를 출제해보자."

의아해하는 아이들에게 말했다.

"그냥 네가 선생님이라면 이 대목에서 어떤 문제를 낼 것 같아?"

'우리 선생님은 아마 배배 꼬아서 낼 거야!' 아이들은 다른 나름대로 선택형, 단답형, 괄호 넣기, 주관식까지 문제를 만들고 스스로 답을 달고 채점을 했다.

"야! 네가 낸 문제를 틀리면 어떡해?" 하고 스스로 꿀밤을 먹이기도 했다.

시험을 보아야 하는 입장에서 무작정 요점 정리하고 암기하는 것보다는 시험문제를 출제하는 입장이 되니 생각도 많이 해야 하고 원리를 먼저 알아야 하고 주제끼리 서로 연관성을 찾아내야 했다. 당연히 쉽게 이해가 되고 중요한 요점들이 머리에 쏙쏙 들어왔다. 수동적 입장, 피시험자의 입장에서 능동적 입장, 시험관의 입장이 되니 아이들의 태도나 흥미도가 전혀 달라졌다. 주인정신이 생긴 것일까?

"내가 냈던 문제가 시험에 많이 나왔어! 엄마!"

시험을 마치고 돌아온 아이가 흥분해서 헐떡거렸다.

아이들은 늘 선생님의 입장에서, 출제자의 입장에서 공부하고 요점을 정리했다. '이 부분은 시험에 어떻게 나올까?' '내가 시험관이라면 어떻게 문제를 만들까?' 스스로 묻고 스스로 답하면서 아이들은 교과서나 선생님이 가르쳐 주지 않은 원리원칙과 연관성을 찾아냈고 더 폭넓게 공부하고 생각했다. 공부뿐만 아니라 학교생활도 그러했다. 항상 의문을 가지고 시각을 달리해서 보고 상대의 입장에서 생각해보는 습관이 자연스럽게 생겨 친구들과의 관계도 좋아졌다.

"아무리 어려운 내용도 문제를 만들려고 낱낱이 해부하다 보면 그냥 알게 돼요."

시험문제를 더 어렵고 더 재미있게 구성하려다 보니 내용은 자연스럽게 이해되고 정리되었다. 또 선생님의 처지에서 어떻게 가르칠까 생각해보면 쉽게 원리를 이해하게 되고 또 잘 까먹지 않는다고 했다. 덕분에 아이들이 대학생 시절 족집게 과외교사로 소문나기도 했다.

"에이 나라면 이렇게 문제를 냈을 텐데…."

제법 출제관의 문제 방식까지 평가하는 녀석들을 보면 슬며시 웃음이 나왔다. 더는 아이들에게 시험은 지옥이 아니었던 것이다.

더불어 잘되는 친구관계 맺기

우리 아이들이 해외에 나가 있던 몇 년간의 공백을 빨리 따라잡은 것은 모두 친구들 덕분이었다. 애초에 경쟁상대가 되지 않았기 때문인지, 친구들은 등수가 저 아래 바닥에 있는 녀석에게 조금의 부담도 없이 공부를 가르쳐 주었다.

나는 아예 처음부터 아이에게 공부를 강요하거나 다른 아이와 비교하려 하지 않았다. 강요해봤자 되지도 않을 것이고 비교해봤자 마음만 아팠다. 기왕 늦은 것 천천히 따라잡자고 마음먹으니 오히려 편해졌다. 마음껏 뛰어놀고 놀기에 싫증이 나면 그때 공부하자 했다. 녀석은 아무 생각 없이 친구들과 어울렸다. 성적이나 석차 따위에 전혀 신경을 쓰지 않으니 친구들도 많아지고 더 가까워졌고 새로운 학교생활에 더 빨리 적응할 수 있었다. 녀석은 금세 옛날처럼 밝고 활달하게 생활했다.

툭하면 친구들을 집으로 데려와 거실을 점령했고 방 한구석에는 녀석들이 가져온 장난감이며 만화책이 가득 쌓여갔다. 농구장으로 수영장으로 스케이트장으로 때로는 PC방으로 시간 가는 줄 모르고

노는 데 정신이 팔려 있었다. 녀석의 얼굴이 까맣게 변해갈수록 나의
가슴도 숯검정이 되어갔지만, 그냥 지켜보기로 했다.

어느 날, 좀 새로운 친구들이 몰려 왔다.
"공부 가르쳐 주려고요."
"전 수학, 얘는 국어, 쟤는 탐구생활이요…."
"우리가 과외 해주기로 했어요. 크크."
도저히 수업을 따라가지 못하는 우리 아이가 불쌍해 보였다는 것
이다. 그래서 공부 잘하는 아이들을 골라서 우르르 몰려온 것이다.
녀석들은 우리 아이를 가운데 두고 둘러앉아 서로 먼저 가르치겠다
고 야단법석이 났다. 두어 녀석이 수학을 가르치는 동안 국어 선생
(?)은 컴퓨터 게임에, 나머지는 만화삼매경에 빠져 있었고 가르치는
녀석들은 서로 '네가 옳으니 내가 옳으니' '이건 이렇고 저건 저렇고'
티격태격 훈수 두기 바빴다. 그렇게 요란을 떨더니 밖으로 몰려나가
우르르 농구로, 인라인으로 땀을 흘리고 돌아온다.
우리 아이를 가르치겠다고 찾아온 녀석들은 그렇게 모여, 놀면서
공부하고 공부하면서 놀았다. 놀다가 지치면 공부하고 공부하다 지
치면 놀았다. 어느 한 집에 모여 밤도 새우고 같이 자기도 했다. 그
러다 보니 녀석들 엄마들끼리도 친구가 되었다. 서로가 아는 것 모
르는 것 아낌없이 주고받고 나누었다. 공부방법도 서로 나누고 나름
대로 정리한 것도 서로 나눴다. 과외 선생에게 배운 것, 학원에서 배
운 것도 서로 알려줬다.

누군가의 성적이 올라가면 다 같이 기뻐하고 누군가의 성적이 떨어지면 다 같이 달려들어 궤도에 올려놓았다. 아이들 모두의 성적이 쑥쑥 올라갔다.

녀석들은 남에게 도움을 준다는 기쁨을 알게 되었고 친구란 서로 경쟁하는 사이가 아니라 서로 같이 가는 사이라는 것을 깨달은 것이다. 서로 끌어주고 밀어주고 같이 가는 사이. 가을 하늘 기러기처럼 무리 지어 한 방향으로 날아가는 사이가 된 것이다.

고시 공부할 때에도 툭하면 직장인이 된 친구들을 도서관으로 부르기도 하고 군대에서 휴가 나온 친구들과 어울려 밤새 스트레스를 해소하고 왔다. 일분일초가 아까운 시간에도 친구들과 어울려 바닷가나 산으로 놀러 가기도 했다. 그러고 나면 공부가 더 잘된다고 했다. 이제 막 직장인이 된 친구들은 영양보충도 시켜주고 위로와 격려를 아끼지 않았다. 녀석이 남들보다 비교적 수월하게 그리고 단기간에 고시를 마칠 수 있었던 이유 중 하나이다.

나는 아직도 이해하지 못한다. 왜 그놈의 석차라는 것이 필요한지, 왜 그놈의 등수에 목을 매야 하는지, 왜 일렬로 줄을 세우는지. 행복은 성적순이 아니라는 걸 우리 모두가 잘 알고 있으면서도 꼭 그렇게 줄을 세우고 등수를 매겨야, 아니 등수가 올라가야 만족하는지 이해가 안 간다.

모두가 1등이 되길 원하지만 1등은 하나밖에 없지 않은가? 왜 1등

한 사람만 훌륭하고 나머지 99명은 그렇지 못하다는 시각을 갖도록 교육하는 것인지, 왜 상대방보다 내가 앞서가야 된다고만 가르치는지, 왜 다 같이 나란히 서서 가면 안 되는지 정말 묻고 싶다.

서로 경쟁하는 것보다 서로 밀어주고 끌어주는 것이 아이들 성장에 더 좋은 것이라는 것을 왜 모르고 있는 걸까? 아니 왜 모른 척하는 걸까? 1등 때문에 놓치는 그 귀한 것들을 우리는 잊고 사는 건 아닌지 모르겠다.

내가 우리 아이들에게 석차가 끄트머리에 가깝다고, 다른 아이들보다 뒤진다고, 1등을 못한다고 다른 아이와 비교하거나 나무라거나 실망하는 모습을 보였다면, 그리고 속이 타서 과외며 학원이며 몰아대는 모습을 보였다면 녀석은 마지막까지 상승곡선을 그리며 최고의 학교에 합격할 수 없었을 것이다. 그리고 그렇게 좋은 친구들을 만나지 못했을 것이다. 또 녀석이 애초부터 공부를 잘하는 견제의 대상이었다면 그 친구들도 좋은 친구가 되지 못했을지도 모른다. 그리고 남을 돕는 즐거움과 다 같이 나아가는 보람을 맛보지 못했을 것이다.

녀석들은 앞으로도 계속 그 기쁨을 맛보려 할 것임이 틀림없다.

기왕이면 우리가 모두 '1등 아이의 엄마'가 아닌 진짜 '1등 엄마'가 되면 어떨까? 아이들에게 그러한 기쁨을 맛볼 기회를 만들어 주는 '1등 엄마' 말이다.

최대효율 학원 이용법

아이가 중학교에 다닐 때였다. 아이를 데리고 이곳저곳 학원을 돌아다녔다. 다들 선행학습이니 뭐니 해서 학원에 다니기에 우리 아이만 보내지 않으면 안 될 것 같아서였다. 그런데 대부분의 학원이 학교 수업을 미리 가르치고 있어서 우리 아이의 수준에 맞지 않았다. 게다가 학원비 또한 만만치 않았다.

보내야 할지 말아야 할지 안절부절하는 나를 보고 아이가 말했다.

"엄마 학원에서 배우는 거나 학교에서 배우는 거나 다 똑같아."

"학원 다니는 아이들은 수업시간에 다 자. 아니면 만화책 보고."

아이가 성적이 오르지 않아도 학원에 보내면 듣는 풍월이라도 있을 것 같아서, 또는 자기 아이만 뒤떨어질까 봐 불안감 때문에 별로 효과가 없다는 것을 알면서도 그냥 보낸다.

이미 학원에서 다 배운 아이들은 수업시간에는 배울 필요가 없다 보니 자연히 학습태도가 나빠지고 집중하지 못하게 마련이다. 어떤 아이는 수업시간에 학원 숙제를 하기도 한다.

아이가 말했다.

"혼자 해보다가 꼭 가야 할 때 말할게, 엄마."

그리고 아이는 학원에 갈 시간에 친구들과 어울려 그날 배운 것을 복습하고, 다음날 배울 것에 대해 예습을 하였다. 그러자 학교생활과 수업에 집중하게 되어 성적도 학원에 다니는 아이들보다 더 빨리 올랐다. 학교 수업시간에 태도가 좋고 선생님을 존경하며 교우관계 또한 좋아졌다. 이렇게 몸을 담은 조직에 충실히 하는 습관은 학교는 물론이요, 군대나 직장, 그리고 다른 조직에 나가서도 중요한 덕목이요 재산이 될 것임이 틀림없었다.

그러던 아이가 중학교 3학년이 되자 수학 학원에 보내달라고 했다. 혼자서 하다 보니 수학의 원리를 잘 모르겠다는 것이었다. 그리고 한 석 달쯤 다니고 나서는 수학은 됐으니 물리 과목을 수강하겠다고 했다. 그 또한 두어 달 다니다 그만두었다.

"요점 정리하고 시험 대비 요령만 배우면 되거든요."

"나머지는 집에서 하면 돼요."

녀석은 시험에 대비해 정리하는 요령과 거기에 맞춰 공부하는 요령을 비교적 잘 가르쳐 주는 학원을 통해, 필요한 부분만 배우고는 주로 집이나 도서관에서 공부했다. 학원도 본인이 필요해서 가는 만큼 무작정 남이 한다고 보내는 아이들보다 그 효과가 더 컸다.

그러한 습관은 편입시험 준비를 할 때도 변리사 고시를 공부할 때도 마찬가지였다.

혼자 잘 안 되는 부분, 시험에 잘 나오는 것들을 종합해서 강의해

주는 학원을 몇 군데 다니고는 늘 도서관에 틀어박혀 있었고, 고시 공부에 필요한 정보를 얻기 위해 그리고 모의고사를 위해서만 가끔 학원에 다녔다.

"학원이나 고시원에라도 가지? 돈 걱정하지 말고." 하고 걱정하면 녀석은 늘 빙글거렸다.

"공부는 혼자 죽어라 파는 맛으로 하는 거예요."

태정태세문단세?

"그건 왜 외워야 하는데요?"

큰 아이가 중학교 국사 시간에 왕조와 연표를 외우라는 숙제를 받아왔다. 다른 아이들은 그런대로 외워 왔는데, 녀석의 차례가 되자 불쑥 던진 답변이었다. 아이의 질문에 할 말이 생각나지 않은 선생님은 녀석의 손바닥을 때렸고 녀석은 질문에 대답은 안 해 주고 왜 때리느냐고 또 물었다. 아이가 반항한다고 생각해 화가 난 선생님은 녀석에게 반성문을 쓰도록 했고 나는 선생님의 호출을 받았다. 반장인 녀석이 숨김없이 선생님에게 대든 모양이 되었으니 선생님도 화가 날만 했다.

내가 선생님을 찾았을 때까지도 선생님은 흥분이 가라앉지 않은 상태였다.

"사춘기가 되었나 봅니다." 그렇지 않은 아인데 이유 없는 반항이 시작되었다는 것이다.

"그런 적이 전혀 없었는데 친구를 잘못 사귄 건 아닐까요?"

약간은 미안쩍은 미소를 띠며 선생님이 말했다.

그런 선생님에게 이번엔 내가 물었다.

"그런데 선생님, 이미 죽은 왕 이름은 꼭 외워야 해요?"

나는 정말 궁금했다. 왜 지나간 왕조의 왕의 이름을 순서대로 암기해야 하는지 말이다.

선생님은 끝내 답을 못했다. 나도 학창시절에 그렇게 '태정태세문단세…'를 외웠지만 왜 그래야 하는지, 그 암기사항이 내 삶에 어떤 영향을 미치는지 지금까지도 알지 못하고 아무도 알려주지 않았다. 또한, 연도별 사건 외우기 같은 것도 마찬가지다.

우리나라로 치면 초등학교 5학년의 나이에 딸아이는 영국의 중학교에 입학했다. 놀이처럼 공부시키던 초등학교와는 달리 영국 중학교는 공부를 많이 시켰다. 특히 매일매일 자정을 넘겨서까지 숙제에 매달려야 했다.

그 많은 숙제 중에 1학년 부활절 봄방학 때 했던 '로마역사Roman history' 숙제가 두고두고 기억에 남는다.

로마 시대에 대한 연구보고서를 제출하고 연구결과를 가지고 토론하기 위한 사전연구 성격의 예습 숙제였다. 그런데 연구과제의 소제목을 들여다본 나와 딸아이는 그만 경악하고 말았다.

- 로마 시대의 복장은 어떠했으며 오늘날의 복장과 의생활에
  미친 영향은 무엇인가?
- 로마 시대의 가옥은 어떠했으며 오늘날에도 남아 있는 양식

또래의 영국 아이들에게도 힘든 숙제임이 틀림없을 텐데 하물
며 로마라는 이름조차도 들어본 적이 없는 한국의 열두 살짜리 아
이, 그것도 영어로 리포트라니…. 문제는 더 커졌다. 딸아이가 절망
에 빠진 것이었다. 학교 선생님을 원망하고, 왜 영국까지 데리고 와
서…, 왜 하필이면 그 학교에 입학을 시켜서…,라며 울음을 터뜨린
것이다.

아빠까지 나서서 대책을 강구해 보았지만 뾰족한 수가 나오지 않
았다. 문득, 얼마 전 방문했던 대영박물관이 떠올랐다. 아직도 머리
카락이 생생하게 붙어 있는 이집트 미라, 파르테논 신전의 거대한
돌 장식을 구경하고 사진을 찍으면서 나는 유물마다 작은 글씨로 붙
어있는 설명을 유심히 들여다보았었다.

원래 대영박물관은 그 소장 유물의 방대한 양과 질뿐만 아니라 그
러한 유물들을 분류하고 보존하고 설명하는 탁월한 학술적 큐레이
팅으로 더 유명하다. 왕립학사원장을 지낸 의학자 한스 슬론경Sir
Hans Sloane의 6만여 점에 이르는 방대한 소장품을 정부가 매입하고,
이러한 인류의 유산을 후손들이 '제한 없이 구경할 수 있도록' 기금

을 만들어 운영하고 있다. 마그나카르타와 같은 역사적 문서며 크니도스의 데메테르 여신상, 소크라테스의 소형상小形像, 페리클레스의 반신상半身像, 율리우스 카이사르 및 로마 제왕들의 흉상 등, 위대한 인류의 유산을 무료로 관람할 수 있도록 배려한 배포 큰 영국인의 역사인식을 느낄 수 있었다. 강탈하거나 훔쳐온 남의 유물이 더 많은데 어떻게 양심 없이 관람료를 받느냐고 농담도 하지만 말이다.

나는 아이들과 같이 대영박물관에 갔다. 당시로서는 고가인 카메라와 무비 카메라를 오누이에게 맡기고 빈 노트를 사주고 배낭에는 음료수와 샌드위치, 로마 유물 도록을 한 권 사준 다음, 외국 관광객으로 발 디딜 틈조차 없는 박물관에 아이들만 밀어 넣었다.

아이들은 온종일 대영박물관 로마 전시실에서 보냈다. 유물을 구경하고 사진을 찍고 깨알 같은 글씨로 붙어있는 설명을 베끼고 집에 돌아와 밤늦게까지 도록과 안내책자를 비교해가며 자기들 나름대로 리포트를 만들기 시작했다.

그리고 다음 날 아침, 일찍 일어난 녀석들이 말했다.

"엄마, 샌드위치 말고 김밥도 싸줘!"

그렇게 녀석들은 부활절 휴가 내내 대영박물관에서 살았다.

딸아이가 완성한 칠십 쪽이 넘는 리포트는 사진을 붙이고 자기 나름대로 평가까지 곁들여 열두 살짜리가 썼다고는 믿어지지 않을 만큼 훌륭한 것이었다.

일주일 내내 아이들이 연구하고 조사할 수 있도록 박물관에서 특별 큐레이터를 붙여서 설명도 해주고 보호도 해주었다는 사실이 너무도 고마웠다.

휴가가 끝나고 한 주 동안 서로의 연구결과를 발표하고는 마지막 날 1학년 전체가 80㎞정도 떨어져 있는 로마 유적이 있는 '바스Bath'라는 곳으로 현장 실습을 다녀오는 것으로 '로마 역사' 수업을 마쳤다.

그들의 역사 수업방식은 영국의 역사뿐만 아니라 중요한 세계사의 마디마디에 걸쳐 이루어진다. 아이들은 자연스럽게 역사가 단지 흘러간 시간의 기록이 아니라 오늘날에도 그 향기가 숨 쉬고 있다고 배운다. 역사적 사실 하나하나 유물 하나하나가 가진 의미와 오늘날에도 영향을 미친다는 소중한 교훈을 피부로 느끼고 알도록 해 준다.

지금도 가끔 중요한 역사적 유물을 훼손하거나 영리적 목적으로 일부러 파괴하거나 덮어 버리는 이야기가 들린다. 교육의 본질과 의미를 외면하고 그저 시험 준비에 급급하여 암기만 시키는 우리의 잘못된 역사 교육뿐 아니라 전반적인 교육실태가 안타깝다.

아이들은 관광지나 유적이 있는 곳에 가면 늘 설명을 적어 놓은 간판을 자세히 읽는다. 그리고 그곳에 얽힌 사실과 이야기를 관심 있게 묻고 듣는다. 꼼꼼히 읽고 물어보는 아이들 때문에 나도 사전에 공부를 해야만 한다.

제대로 된 역사 교육을 받은 덕분일까? 우리 아이들은 늘 왜? 라는 의문을 가지고 사물을 보고, 의문이 생기면 직접 찾아가고 만져보고 연구해서 해결하는 습관을 갖게 되었다.

왜 이런 공부가 필요한지, 그 원리와 본질을 먼저 생각하고 그 공부에 어떤 효과를 보는 건지 먼저 따져보는 습관을 지니게 되었다.

단순히 공부만이 아니라 살아가면서 겪는 모든 질에서도 그 일이 어디에서 왔는지 어떤 것인지 알려고 하는 마음 자세를 가진다면 더욱더 의미 있는 삶을 살아가지 않을까?

외우지 말고 생각하게 하라

영국 학교로 전학하고 달포쯤 되어서였다.

아이를 데리러 간 나에게 조안Joan 선생님이 시간이 나는 대로 들르라는 것이었다. 겨우 왕따 사건을 해결했는데 또 무슨 일인가 싶어 마음이 불안해졌다.

약속을 하고 학교에 찾아가니 선생님은 밝게 웃으며 말했다.

"준June이 공부도 열심히 하고 친구들과도 잘 놀아요."

왕따 사건 이후로 이제는 오히려 아이들의 대장 노릇을 한다며 좋아했다.

그런데 '왜?' 하고 눈으로 물어보자,

"준이, 질문을 안 해요."

잘 알아듣고 시키면 발표도 잘하는데 수업시간에 도통 질문을 하지 않는다는 것이었다. 교사가 시키는 대로 잘 따라 하면서도 말없이 그냥 듣기만 한다는 것이다. 또 자기 생각을 말하라고 하면 선생님께서 가르쳐 준 내용이나 책에 있는 내용을 반복한다는 것이다. 선생님께 고맙다고 앞으로 신경 쓰겠다고 말하고 나오면서 고개를 갸우뚱했다.

'그게 무슨 잘못인가?' 가르쳐 준 내용을 잘 이해하고 말한다면 수업시간에 딴짓 안 하고 잘 들었다는 얘긴데 칭찬은커녕 큰 문제라도 되는 양 사람을 오라 가라 하는 걸까?

집에 돌아온 아이에게 수업시간이 어떤지 물어보았다.
"여기 애들은 너무 시끄러워요. 수업시간에 막 엉뚱한 자기 얘기만 하고 떠들어요."
한국에서는 수업시간에 떠들거나 다른 얘기를 하면 혼나는데,
"그런데 선생님께서 잘했다고 칭찬해줘요. 이상한 선생님이야."

아이들이 캠벌리 할머니라고 부르는 한국전 참전용사의 부인인 톰킨스 씨는 내가 영국생활에 적응하는 데 많은 도움을 주신는 전직 교장 선생님이다. 캠벌리는 유명한 샌드허스트Sand hust 육군 사관학교가 있는 곳이다.
"영국의 교육은 아이가 스스로 자기 생각을 만들어 내게 하는 것이 목표라우."
"이미 있는 지식을 전달하는 것은 너무 쉽잖우?"
이른바 창의력을 계발하는 것이 교육의 목표라는 말이렷다.
그래서 영국 어머니들은 아이들에게 이렇게 물어본다.
"오늘 학교에서 무슨 말 했어?"
"그건 왜 그래?"
그래서 아이들이 늘 "왜why?"라고 생각하게 한다는 것이다.
일본인이나 유대인은 아이가 학교에서 돌아오면 엄마가 "오늘 무

슨 질문 했어?”라고 묻는다.

반면에 우리 아이들은 어려서부터 듣는 말이 “말 잘 들어!”이다. “부모님 말씀 잘 들어!” “어른 말씀 잘 들어!” “선생님 말씀 잘 들어!” 우리 아이들은 그저 말 잘 들으면 훌륭한 아이이고 무언가 물어보면 “말대꾸하는 싸가지 없는 놈”이다.

우리는 학교에서 돌아온 아이에게 물어본다.

“오늘 선생님 말씀 잘 들었니?”

“오늘 뭐 배웠어?”

그런데 가만히 생각하니 어려서는 “이건 왜 그래?” “왜?” “그래서?” 하고 끊임없이 질문하던 아이였는데 학교에 다니면서부터는 줄어들었다는 사실이 떠올랐다.

집에서는 어른 말씀을 잘 들어야 하고 학교 가서는 선생님 말씀을 잘 들어야 하는 우리 아이들. 자기 생각보다는 남이 이미 만들어 놓은 틀과 지식을 잘 따라가야 좋은 아이가 돼는 우리 아이들이 어쩌면 로봇 같다는 생각이 들었다.

잘 외워서 시험만 잘 보면 만사형통인 우리나라다. 학교 중간고사에서부터 각종 고시며 취업시험까지. 지금도 우리나라에 불고 있는 퀴즈 열풍까지.

열심히 잘 외우면 상을 주고 돈을 주는 그런 프로그램이 인기를 끌면 끌수록 우리의 교육은 점점 더 주입식 교육이 되지 않을까? 아이들의 창의력은 더 떨어질 것이 분명하다.

그날부터 아이에게 질문 많이 하라고 했더니 여전히 아이는 한국에서의 습관 때문인지 쉽게 입을 열지 못했다. 가끔 질문해도 단답형 질문이었다.

아이와 나는 질문하는 방법을 연습하기 시작했다. 꼬리에 꼬리를 무는 질문. 그리고 그렇게 의문을 가지게 하는 사고방법을 갖는 습관을 지니도록 했다.

결국 녀석은 다시 어릴 때의 '왜? 왜?'를 던지던 호기심 많은 아이로 다시 돌아갔다. 그리고 그러한 질문 습관이 나이가 들면서부터, 스스로 질문하고 스스로 해답을 찾아내는 학생이 되었다.

지금도 녀석은 카이스트에서 "왜 이럴까?"를 연구하고 있다.

교과서 밖으로 행군시켜라

학교에서 돌아온 아이가 다음 주에 자전거 수업을 한다며 자전거와 안전 장구를 사야한다고 말했다. 그런데 안전 헬멧과 고글, 장갑과 무릎과 팔꿈치 보호대 그리고 바짓단을 감아서 고정하는 스프링까지… 스포츠 용품점에 가보니 그 금액이 엄청났다.

학교에 가지고 간다 하니 다른 아이들 것보다 싼 것을 사주기도 뭐하고, 안 그래도 돈이 떨어져 가는 시점이라 겁이 나서 선뜻 사지 못하고 그냥 집으로 돌아왔다.

사실 런던의 물가는 가히 살인적이다. 이곳의 물가를 한국과 비교한다면 대략 서울 물가의 두 배쯤 되는 것처럼 느껴진다. 이곳에 주재하고 있는 주재원이나 유학생들이 소위 명품 가구나 주방기구, 각종 물건을 턱턱 사들이는 걸 보면 부럽다가도 오히려 겁이 날 정도다. 저렇게 외화를 마구 써도 되나? 하고.

자전거 때문에 고심하다가 옆집에 사는 할머니에게 말했더니 "카붓 세일Carboot Sale에 가면 되지." 한다. 카붓 세일이 뭐냐고 묻자 할머니는 가보면 안단다. 내심 불안했지만, 딱히 다른 방법도 없었다.

할머니와 같이 카붓 세일이 열리는 학교 운동장으로 갔다. 물건을 팔고자 하는 사람들이 차 뒤 트렁크Carboot에다 자신이 팔고자 하는 물건을 실어 와서 팔고 있었다. 이런 것도 판다고 내놓았을까 싶을 정도로 낡고 사소한 물건들에서부터 새 제품이라면 당연히 10만 원이 넘을 옷이나 신발 같은 의류들이 단돈 몇 천원에 나오는 경우가 적지 않았다. 거의 새것 같은 제품들이 집에서는 짐이다 보니 장에 들고 나온다.

"늙은 마누라나 남편 말고는 버릴 게 없다."는 영국 사람들의 절약 정신이 그대로 배어 있는 장소이다. 여기저기 다니며 새것 같은 중고 자전거에 안전 도구까지 다 사서 차에 싣고는 이곳저곳을 둘러보다가 할머니가 들고 나온 예쁜 도자기 접시도 샀다. 명품점에서 몇 번을 들었다 놓았다 하던 영국의 유명한 컬렉션 제품을 샀으니 횡재한 셈이다.

이틀 동안 녀석은 열심히 그 중고 자전거를 끌고 다니며 면허증을 받아왔다. 자전거야 일찍부터 탔지만, 면허시험에 합격하기 전까지는 타고 다니면 안 된다며 한사코 끌고 갔다. 그것도 엄마가 끌어주면 안 된다고 혼자 땀을 뻘뻘 흘리면서…. 자전거를 타는 방법, 안전 장구를 착용하는 방법, 교통 신호를 따르는 방법을 실제로 모의 도로에서 시험을 본 후 녀석은 면허증을 받았다. 즉석 사진과 동네 파출소장의 멋진 사인이 곁들여진 면허증을 받고 녀석은 뛸 듯이 기뻐했다. 그러고서는 나에게 안전 장구 없이 타서는 안 된다고 점잖게 충고까지 해 대는 것이었다.

면허증을 취득한 아이는 문을 닫고 들어가더니 무언가를 열심히 하기 시작했다. 자전거 면허를 받았으니 자전거 실력을 보여 달라고 해도, 수영장에 가자고 해도 숙제해야 한다며 식사 때가 되어도 도통 나올 생각을 안 했다. 뭐하느냐고 물어봐도 누구의 도움도 받아서는 안 된다고 손사래를 치며 스케치북을 끌어안고 끙끙거리고 있었다. 여하튼 녀석은 밤늦게까지 그렇게 혼자 끙끙거리더니 금요일 저녁 발표회에 엄마와 아빠를 모셔오라고 했다며 편지를 내밀었다.

학교에 가보니 교실 벽면에 온통 아이들 그림이 붙어 있었다. 크레파스로 그린 그림, 종이를 찢어 붙이거나 색종이를 오려 붙여 모자이크처럼 만든 그림, 심지어는 나무로 만든 모형이나 종이 찰흙으로 만든 모형도 있었다.

제목은 "나만의 자전거My Own Bicycle"였다

아이들 각자가 생각하는 자전거를 그림으로 그려 붙이고 한 명씩 나와서 자기 나름대로 설명을 하는 것이었다. 그런데 자기들의 생각만을 설명하는 것이 아니라 그것을 실제로 어떻게 만드는가를 자세하게 설명하고 있었다.

폭죽을 한 묶음씩 양쪽에 달아서 우주로 날아가도록 한 로켓 자전거, 돛을 단 수륙양용 자전거, 놀러 갈 때마다 강아지를 맡기는 이웃을 위한 애완용 강아지 자전거, 소방관 아빠를 위한 소방차 자전거, 피아니스트 누나가 돌아다니며 연습할 수 있게 한 피아노 자전거,

꽃을 좋아하는 엄마를 위한 꽃 자전거, 온 가족이 한꺼번에 탈 수 있
는 기차 자전거며 온갖 기발하면서도 순수하고 따뜻한 그들만의 자
전거로 교실은 따뜻하고 훈훈했다.

　하얀 날개를 달아서 천사 자전거를 만든 아이가 나와서 그걸 타고
하늘나라로 엄마를 만나러 가겠다고 말할 때는 훌쩍이는 소리도 들
렸다.
　아들 녀석 차례가 되었다. 더듬거리는 영어였지만 녀석은 당당하
게 말하고 있었다.
　녀석은 할머니를 위해서 침대 자전거를 만들어 놓았다. 할머니는
무릎이 아프니 누워서 손으로 페달을 돌리게 해놓고 태극기도 턱 붙
여 놓았다. 차고에 있는 야외용 접이식 침대에 바퀴를 달겠다고 했
다. 그런데 만약에 할머니가 불편해하면 "내 침대가 작지만 푹신하
니 내 침대를 달아 드리고 내가 그 야외침대를 쓰겠다."고 하자 학부
모들이 손뼉을 쳤다.
　한국에 계신 할머니를 보고 싶어 하는 표정이 얼굴에 가득 떠올
랐다.

　많은 것을 얻은 한 주였다. 카붓 세일의 알뜰한 지혜와 자전거 타
는 법을 가르치는 학교, 공중질서와 법규를 지키는 커뮤니티 정신,
상상의 나래를 펼치고 사랑을 나누는 방법을 체험케 하는 교육방법
에 나는 감동하고 감탄했다.

이사철만 되면 아파트 쓰레기장에 산처럼 쌓이는 새것 같은 물건들, 현관마다 묶여 있는 녹슨 자전거들을 볼 때마다, 그리고 학원이다 과외다 암기교육에 생각 없는 지식으로 머리만 무거워져 가는 아이들을 돌아볼 때마다 그 값진 경험이 다시 떠오르곤 한다.

전체와 호흡하는 법도 알아야 한다

아이가 학교에 간 첫날 웬 편지를 한 장 받아왔다. 또박또박 펜으로 쓴 아름다운 글씨. 정확한 필기체로 쓴 영문자는 나도 중학교 입학해서 영어를 배울 때 보고는 처음이었다. 아이가 신고 온 신발은 학교에 신고 오면 안 된다는 말이 적혀있었다.

'다른 학생들에게 안 좋을 수도 있으니' 반드시 검은색 운동화를 신고 와야 한다는 것이었다. 점잖게 쓴 편지였지만 도둑이 제 발 저리다고 은근히 나무라는 느낌이 들었다. 모처럼 해외에 나간다고 할머니가 사준 값비싼 운동화가 문제가 된 것이다. 하지만 그냥 점잖은 권고 사항이겠거니 하고 편지를 접어 넣었다.

'뭐 어때! 내 자식 좋은 신발 신겨 보내는 게…' 하며 그 다음 날 그냥 그 신을 그대로 신겨 보냈다. 모처럼 좋은 신발을 신고 좋아하는 아이를 실망시키기도 그렇고 나도 비싼 신발을 그냥 집에서만 신기기가 아깝기도 했다. 어쩌면 '우리 아이도 이런 신발을 신고 있으니 동양 사람이라고 깔보지 마!' 하는 속내도 있었다. 영국의 겨울은 축축하고 싸늘하고 세 시도 못되어 어두워지는 까닭에 마켓에 나가기가 싫었던 것도 한 이유였다.

다행히도 아이는 별일 없이 그냥 돌아왔다. '괜스레 신경 썼구나'

싶었다. 그런데 저녁때쯤 누군가 벨을 딩동 눌렀다. 이곳에 온 지 얼마 안 돼 찾아올 사람도 없는데 '누구?' 하고 갸웃거리며 문을 열었다. 안개가 가득해서 희미한 가로등 불빛 아래 웬 할머니가 서 있었다. 자세히 보니 아이 학교 교장 선생님이었다. 들어오라고 해도 안 들어오시며 "아이를 데리고 어디 좀 갔다 와도 되느냐?"고 물었다. 언뜻 집히는 게 있어서 외투를 걸치고 따라나섰다.

교장 할머니는 우리를 데리고 손수 운전해서 시내 여기저기 골목을 돌고 돌아 어느 작고 낡은 가게 앞에 도착했다. 학교 용품을 파는 상점이었다. 교복도, 추리닝도, 운동화도 있었다.

교장 할머니가 집어주는 신발을 보니 옛날 우리가 학교 다닐 때 신던, 얇은 고무바닥에 천으로 만든 검정 운동화였다. 끈도 없이 발등 부분이 납작한 헝겊 운동화. 만날 깜장 고무신만 신었던 내가 '한 번만 신어보면 더는 소원이 없겠다.' 하며 부러워했던 그 운동화였다. 일본강점기 때부터 써오던 것이었는데 그 원조가 영국이었구나 하는 생각이 들었다. '야! 여기는 아직도 이런 걸 쓰네' 참으로 신기해서 한참을 만지작거렸다.

"왜 할머니가 사준 건 신으면 안 돼?" 한국에서 신고 온 유명 브랜드 신발에 비하면 허름하기 짝이 없는 검정 운동화를 보고 녀석은 입을 댓 발이나 쑥 내민다. 한국에서는 그냥 줘도 신지 않을 그런 신발이라는 것이었다. 시무룩해 있는 아이를 어떻게 달래야 할지 난감했다.

"네가 비싼 신발을 신으면 다른 아이들도 신고 싶어 하잖니? 그런데 그걸 사주지 못하는 부모를 둔 아이들은 얼마나 부럽겠어? 너도 그랬잖아."

"한국에서는 다 신고 다니는데 왜 여기선 안돼?"

"돈이 많다고 다른 사람에게 상처를 주면 안 된다는 걸 가르쳐주는 거란다. 나보다도 남을 먼저 생각할 줄 아는 사람이 진짜 훌륭한 사람이거든."

다음 날 아침 나는 서운해 하는 아이에게 억지로 그 까만 운동화를 신겨 보냈다.

그 뒤에도 교장 할머니는 우리 집에 수시로 들러서 아이들은 물론 나를 교육하느라 고생했다. 아이들 복장에서부터 학교 숙제, 학부모 회의는 물론이고 집에서 아이들을 교육하는 방법을 이것저것 하나하나 가르쳐주셨다. 특히 아이들이 왜 그렇게 해야 하는지 세세하게 설명해줬다. 아이들보다 학부모인 나를 먼저 가르쳐야 한다고 생각하셨던 것 같다.

이곳에서는 선생님들이 아이들에게 세심하게 가르치고, 학부모까지도 그렇게 하도록 함으로써 학교와 가정이 하나가 되도록 이끌었다. 그런 걸 보고 배우면서 아이들을 망치는 건 바로 어른들이고 그중에서도 어머니가 아닌가 하는 생각이 들었다.

교장 할머니의 과외 덕분에 우리 아이들은 물론 나도 남을 배려하는 눈과, 원칙을 지키며 쉽지 않게 사는 방법을 택하는 눈을 갖게 되었다. 교장 할머니는 우리 집안의 과외교사였다.

부메랑 모양을 붙인 신발, 이스트 어쩌고 하는 가방, 수십만 원이나 하는 히말라야의 북벽이라는 뜻을 가진 상표의 점퍼가 학생들의 교복이 되어버린 우리나라에는 왜 그런 교장 할머니 같은 분이 안 계시는지 궁금하다. 아니 왜 그런 어머니가 없는지 궁금하다.

런치박스 이야기

"오우 노오! 패스트푸드는 안 됩니다."

하얀 백발을 한 할머니 교장 선생님이 빙긋이 웃으며 손을 저었다. 영국에 도착한 다음 날 아이들을 데리고 학교에 갔는데 그만 교장 선생님을 만나고 말았다. 아이들 나이를 물어보더니 오늘부터 두고 가란다. 그냥 둘러보러 왔다고, 내일부터 보내겠다고 해도, "걱정하지 마세요. 우리에게 맡기세요." 선생님은 아이들을 교장실에 앉혀놓고는 쫓아내다시피 배웅하면서 말했다.

"런치박스lunch box는 한 시간 후에 가져오세요."

하지만 아무리 시내를 돌아다녀도 런치박스를 구할 수가 없었다. 구했다 하더라도 아이들 도시락을 어떤 음식으로 어떻게 싸야 할지 모르는 상태라 당황스러웠다.

"그러게 뭘 그리 서둘러요. 잠도 못 잔 아이를…."

원체 부지런해서 1분 1초도 허투루 낭비하지 않는 남편을 원망해봤지만 이미 엎질러진 물. 시차 적응도 안 돼 수업시간에 졸지나 않을지, 옷도 제대로 못 입혀서 학교에 보냈다고 흉이나 보지 않을지 걱정

됐다. 게다가 당장 도시락을 쌀 수도 없으니 마음이 영 불편했다.

그래서 낸 아이디어가 시내의 패스트푸드점에서 햄버거를 사는 것이었다. 녀석들이 무척 좋아했지만 자주 사주지 못했던 터라 아이들이 좋아하는 메뉴를 듬뿍 담아 가지고 갔다. 쉬는 시간에 살짝 전해주려고 했는데, 아이들보다 먼저 교장 선생님에게 들키고 말았다.

쉬는 시간에 학교 운동장이나 놀이터 곳곳에 선생님들이 모두 나와 같이 놀거나 감독하는 것이 영국 학교의 규정이다. 그래서 노는 시간에 위험한 일이나 사고가 생기지 않도록 미리 방지하고 아이들끼리 위험한 장난을 하거나 서로 싸우거나 놀리거나 괴롭히는 일이 없도록 감독한다. 등교 시간에도 선생님들이 문 앞에 나와서 맞이하고 하교 시간에는 교문 앞까지 데리고 나와 부모에게 인계한다. 학교에 오는 순간부터 집에 돌아가는 순간까지 선생님들이 늘 같이하면서 아이들 안전을 보장하고 학부모들과도 소통한다. 그래서 영국 선생님들은 철저하고도 엄격한 교육자세로 부모와 아이들의 존경을 받는다.

열세 살 이전의 아이가 혼자 집에 있으면 형사 처벌할 정도로 영국의 아동보호는 철저하다. 그런 영국 학교에서도 왕따나 인종차별 같은 행위가 일어나는데, 쉬는 시간이면 아이들끼리 별짓을 다 하도록 내버려두는 우리나라의 학교에서 학교 폭력이나 성추행 같은 사건이 심심치 않게 일어나는 것은 어쩌면 당연한 일인지도 모른다.

"아직 준비가 안 되어서…." "잘 몰라서…." 변명하는 우리에게 선생님은 도시락을 어떻게 싸야 하는지 친절하게 설명해주었다.

규격화된 런치박스를 구해 샌드위치와 감자 칩, 채소, 과일, 초콜릿, 음료수 등을 넣으라고 했다. 단 샌드위치는 집에서 만든 것이어야 하며 손가락 크기의 초콜릿 바 하나 이상은 불가하고 철제는 물론 일회용 플라스틱 포크나 나이프는 안되기 때문에 손으로 집어 먹을 수 있는 음식만 가능하다. 플라스틱이나 유리 음료수병은 아이들이 다치거나 다른 사람을 다치게 할 수 있으므로 가지고 오면 안 되고 소금을 첨가한salted 감자 칩도 불가하다.

교장선생님은 그 외에도 많은 것들을 알려주었다.

"교복 위에 덧입는 옷이나 우의, 신발, 가방은 아이들 사이에 위화감을 조성할 수 있으므로 브랜드 상표가 눈에 띄는 것은 안 되고 색깔이 화려해도 안 된다. 검소한 색깔, 검소한 디자인 제품만 가능하다. 장난감이나 게임기, 만화책 같은 것은 절대 가지고 올 수 없다."

"선생님께서 부르면 반드시 "네yes 미스터Mr.○○○, 또는 미시즈 Mrs.○○○"라고 선생님 이름을 붙이도록 해서 호칭을 통해서 존경심을 유발하도록 하고 선생님도 아이들 이름을 불러서 친밀감을 조성한다."

"수업시간에도 각각의 아이들에게 맞는 개별 지도를 한다. 우리 아이처럼 수학은 잘하지만, 영어가 부족한 학생에게는 수학 시간에도 영어를 가르친다."

“교육방법도 일방적인 지식 전달이 아니라 창의력을 계발하고 아이들의 사고력을 발전시키고 학생들 각자의 의견을 중요시하는 토론식으로 교육을 진행한다. 성적보다는 아이의 인성과 의식의 발전을 이끌어 간다. 그리고 수시로 학부모에게 알려주고 소통하여 가정과 연계하여 교육하고 학부모들도 교사를 존경하고 학교 교육에 적극 참여한다.”

영국 학교의 선생님의 역할과 자세에 대해서 나는 정말 감동을 했다. 그들은 공부만 가르치는 것이 아니라 아이들 하나하나에 대해 정밀하게 파악하고 각자 각자에게 맞는 교육방법을 찾아내 적용한다. 정확한 관찰과 정밀한 분석에 기초를 두고 아이들 개인 성향에 맞춘 맞춤형 교육과 아울러 항상 기본 질서를 철저히 지키고 자신의 이익보다는 다른 사람이나 집단 이익을 먼저 배려하고 자기보다 약한 사람을 도와주고 서로 양보하고 타협할 줄 아는 시민의식을 먼저 가르친다. 지식학습에 앞서 아이들의 기본 인성을 먼저 다듬어 주는 그들의 교육 자세야말로 그 어떤 것보다도 우리 사회가 배워야 할 교육방법이 아닐까?

차후 한국으로 돌아와서도 나는 시간이 날 때마다 영국 선생님들을 떠올리며 아이의 인성교육과 예절교육, 관계 교육에 신경을 썼고 사고력과 창의력을 꾸준히 발전시킬 수 있도록 대화와 독서를 강조하면서 나름대로 노력했다.

　영국 학교의 도시락과 복장의 절제와 규범, 그리고 선생님들의 자세는 교육이란 바로 이렇게 일상생활 속에서 자연스럽게 이루어짐을 몸으로 깨닫게 해 주었다.

멋을 부릴 줄 아는 아이로 키워라

"그 학교에 합격했다고요? 그 날라리가?"

딸의 중학교 졸업식장에서 만난 선생님이 고개를 갸우뚱하며 한 말이었다.

늘 다른 아이들보다 튀는 옷을 입고 튀는 머리를 하고 다니고 친구들과 명랑하고 활달하게 어울리고 체육대회며 학예회에서는 빠지지 않고 맘껏 끼를 발산하는 딸아이는 언뜻 보면 공부보다는 놀기만 좋아하는 날라리로 보였음이 틀림없다.

딸아이는 어렸을 때부터 패션리더로 유명했다. 옷이며 머리 모양은 물론 머리띠나 머리핀은 하루에도 몇 번씩 바뀌었다. 아침에 하고 나간 딸아이의 머리 모양을 오후가 되면 시골 군인 아파트의 고만고만한 아이들은 영락없이 따라하고 나왔다. 그 사이에 우리 아이는 새로운 머리와 새 옷으로 갈아입고 나갔다. 어떤 어머니는 머리 모양을 배우러 오기도 하고 어디서 장식품을 샀는지 물어 오기도 했다.

옷도 색감과 디자인이 좋은 것으로 여러 벌을 사주었다. 어른 옷을 흉내 낸 디자인보다는 아이들에게 풍성한 상상력을 줄 수 있는 것으로 선택했다. 워낙 빠듯한 군인 봉급이라 유명 브랜드를 사줄 돈도 없었지만 그런 옷 한 벌 값으로 아동복 전문 도매시장에서 질 좋고 디자인 좋고 가격도 엄청나게 싼 옷을 몇 벌씩 사서 번갈아 입히는 것이 나았다.

덕분에 딸아이는 강원도 시골 분교뿐만 아니라 동네 전체에서 톡톡 튀는 아이로 인기를 독차지했다. 다행히 순수한 시골 아이와 부모들인지라 도시 사람들처럼 아이를 시기하거나 삐죽거리지 않고 진심으로 좋아해 주었고 장식품이나 티셔츠 같은 것을 나누어주면 너무도 고마워했다. 이사 올 때에는 철 지난 것들을 다 나눠주었다. 녀석이 지금까지도 어디서든 명랑하고 자신감을 느끼고 긍정적인 성격을 가진 것은 아마도 그 티 없이 살았던 어린 시절 덕분인 것 같다.

그런 과정을 통해 녀석은 스카프 한 장, 머리핀 하나로 세심하게 포인트를 줄 줄 아는 감각을 자연스럽게 갖게 되었고 그 톡톡 튀는 센스는 점잖은 교복 일색의 영국의 학교에서도 한국의 학교에서도 센스 있는 멋쟁이가 되어 여전히 친구들 무리 중심에 설 수 있게 만들었다.

그런데 문제는 중학교 때부터였다. 소풍 때, 모처럼 사복을 입을 기회를 이용하여 평소 하던 대로 예쁘게 입혀 보냈다가 다음날 교무실로 불려갔다. 축제 때에도 내가 코디해준 옷 입고 갔다가 교무실로 직행했을 뿐만 아니라 내가 골라준 장식 달린 굽 있는 구두를 압수당하고 실내화를 신고 집에 오기도 했다.

엄마가 해준 거라고 해도 믿지 못하고 규정만 내세우는 선생님.

멋 부리는 게 왜 잘못된 것인지, 엄마는 OK 했는데 왜 선생님은 안 된다는 건지, 왜 이성 친구를 사귀면 안 되는 건지 이해 못 하는 딸은 보수적 성향이 강한 학교 분위기에 눌리고 날라리로 낙인찍히자 그만 공부에도 흥미를 잃어버렸다.

유난히 보수적인 우리나라의 교사들은 아이들의 창의성이나 개성을 인정할 수 있는 여유가 없다. 오래된 과거의 규율과 틀에만 집착해서 조금이라도 벗어나면 문제아로 규정해 버린다. 아이들의 본능적 욕구나 개성의 발현은 그들에게 반항이나 탈선으로 보일 뿐이다. 아이들이 마음껏 '끼'를 발휘하고 욕구를 발산해야 공부도 잘하고 창의성도 계발된다는, 그리고 아이들의 성격도 좋아지고 사회성도 발달한다는 교육의 기초 원칙을 그들은 애써 외면하고 있는 것이 아닐까.

교사 자신도 그 시절을 겪었고, 또래의 아이를 키우고 있으면서도 그저 위에서 시키는 대로만, 허용되는 범위에서만 교육하려는 사고방식이 우리나라 교육계에 만연하다.

다행히도 딸아이의 개성을 잘 관찰하고 끼를 인정해 주고 칭찬해 주었던 일부 소신 있는 선생님들 덕분에, 그리고 끝까지 아이를 좋아하고 용기를 주며 어울려 준 친구들 덕분에 딸아이는 그럭저럭 소위 '날라리'라고 불리던 학창시절을 마쳤다. 나는 오히려 아이가 기가 죽지 않도록 더욱 톡톡 튀는 옷을 입히고 자유롭게 크도록 용기를 주고 더 신경을 썼다. 제도 교육의 허점은 엄마가 메워야 하니까.

나는 아이들이 개미처럼 자라기도 바라지만 베짱이처럼 자라기도 바란다. 우리나라가 근면성으로 전 세계에 경제개발의 모범이 되었지만, 지금은 한류며 K-POP으로 더 신나게 세계인의 인기를 받지 않는가! 꿈 많고 감수성이 예민한 학창시절에 자연스럽게 자기만의 개성을 마음껏 발휘하게 해야, 자연스러운 자기의 아름다움을 표현할 수 있고 더욱 폭넓은 인격을 가질 수 있다.

가뜩이나 시험과 사교육에 주눅이 들어있는 우리나라의 아이들. 그들이 좀 더 밝고 화창하게 개성을 발휘하며 자랄 수 있는 교육환경이 조성되기를 기대해본다.

 "Just smile and listen!"

"KRA한국 마사회라는 곳은 무엇을 하는 곳인가요?"

면접관 중 맨 가운데 앉은 하얀 백발의 할머니가 물었다. 부드럽지만, 또박또박 정확하게 단어 하나하나를 힘주어 묻는 목소리와 자연스럽게 물결치는 흰머리에 주름이 앉은 얼굴에서는 저절로 연륜의 카리스마가 느껴졌다.

학교를 졸업하고 미국뿐만 아니라 세계에서 몇 번째 간다는 보험회사에서 입사 면접을 치르던 딸아이는 문득 한국에 계신 할머니가 떠올랐다. 그리고는 자신도 모르게 미소를 지었다.

"경마를 진행하는 국가 기관이에요."

"그럼 도박을 하는 곳인가요?"

"예, 한국에서는 정부에서 경마를 관리한답니다."

다른 면접위원들도 같이 고개를 끄덕였다.

"외국인에 대한 통역 및 안내가 주 임무였지만 대부분은 돈 잃고 항의하는 도박꾼들을 달래는 일이 더 많았답니다."

그 회사의 사장인 노신사뿐만 아니라 다른 면접관들도 빙그레 미소를 지었다.

"돈 잃은 갬블러라? 아주 터프하지 않나요?"

"왜 아니겠어요? 이성을 잃어버리고 난동 부리면 아무도 못 말리지요."

면접관들은 서로 쳐다보며 고개를 끄덕이면서 웃었다.

"우리 회사의 고객들도 거칠기가 만만치 않은데, 어떻게 다루어야 하나요?"

"네! Just smile and listen! 그냥 웃어주고 들어주면 돼요 한국에는 웃는 낯에 침 뱉으랴!라는 속담도 있거든요."

"오호라! 웃는 낯에 침 못 뱉는다?"

딸아이는 그 자리에서 취직되었다. 우리나라 못지않게 취업난이 심한 미국에 간 지 2년이 채 되지 않아 이제 막 학교를 마친 사회 새내기가, 세계 굴지의 보험회사 소비자서비스 부서의 중간 팀장 급으로 취직한 것이다.

딸아이는 한국에서 대학 다닐 때 주말마다 과천의 경마장에서 아르바이트를 했었다. 주중에는 과외교사로 학생들을 가르치고 주말에는 경마장 아르바이트를 하고 늦은 시간에 짬짬이 공부하고 친구 만나고 바쁘게 대학 생활을 보내는 녀석을 참으로 안쓰럽게 지켜보았다. 넉넉지 않은 집안 사정를 아는 녀석의 대학 생활은 그다지 낭만적이지 못한 것 같아 내심 마음이 안 좋았는데 그 아르바이트 4년을 고스란히 경력으로 인정받았음은 물론 입사성적과 신입사원 연수과정에서도 우수하게 평가를 받아서 팀장이 된 것이다. 아마 개인의 능력을 중시하는 풍토가 뿌리가 박힌 나라이기에 가능한 일일 것이다.

얼마 지나지 않아 딸아이는 회사의 유명인물이 되었다. 언어가 완벽하게 통하지도 않는 한국 여자가 연수기간 내내 보여준 '살인 미소'가 소문이 난 것이었다. 녀석은 'Miss. Smile'이라는 별명을 얻었다.

사실 딸아이의 미소는 천부적인지도 모른다. 녀석이 처음 영국에서 학교에 입학하였을 때 일이다. 도시락을 준비하지 않아서 한 시간 끝난 후에 학교로 찾아갔을 때 우리 부부는 깜짝 놀라고 말았다. 아이들이 한 무리 모여 있는 중심에서 활짝 웃고 있던 딸아이가 뛰어 오자 주위에 있던 아이들도 우르르 같이 달려오는 것이었다. 아이들은 녀석의 손을 잡고 어깨동무를 하고 머리를 만지고 깔깔거리고 온통 난리가 아니었다. 그 속에서 밝게 웃는 딸아이의 모습은 너무도 예뻤었다.

우리를 보고 아이들이 엄지손가락을 추켜세우며 말했다. "선희 아주 예뻐요. 짱이에요." 하굣길에도 한 무리의 친구들이 우르르 따라왔었다.

반면에 아들 녀석은 한쪽 구석에 시무룩하게 앉아 있었다. 아들 녀석이 학교생활에 적응하는 데는 꽤 많은 시간이 걸렸었다. 나중에 딸아이에게 말도 통하지 않는데 어떻게 쉽게 친구를 사귀었느냐고 물어보니 '그냥 웃어주었다'는 것이었다.

지금도 전화기 너머로 들려오는 녀석의 쾌활한 웃음소리는 듣기만 해도 온종일 기분이 좋다. 바다 건너 부모·형제가 몹시도 그리울 텐데도 녀석은 언제나 그 밝은 웃음과 맑은 목소리를 잃지 않고 있는 것 같아 대견하다.

아침저녁으로 만나는 우리들의 얼굴은 대부분 화난 표정을 하고 있다. 거울 속의 나를 들여다보아도, 가끔 사진을 찍어 봐도 그저 뚱하게 화난 표정이다. 억지로 웃으면서 찍은 사진은 왜 그렇게 어색한 표정인지. 아파트 단지에서, 출근길에서, 일터에서 우리의 얼굴은 너무 굳어있다. 먼저 인사도 하지 않는다. 그리고는 돌아서서 말한다. '아랫집 사람 말이야, 엘리베이터에서 만났는데 모르는 척하더라구!' 또는 '옆 사무실에 새로 온 친구, 인사도 안 해! 사람 못쓰겠어' 그러면서도 자신은 절대 먼저 인사 안 한다. 남이 먼저 해주길 바란다. 자기가 먼저 인사하면 숙이고 들어가는 것 같아서일까? 심지어는 엘리베이터에서 만나 먼저 인사를 해도 그저 무표정인 사람도 많다. 좁은 공간에서의 그 어색함을 즐기는 것은 아닐 터이고. 아마도 우리는 웃지 않는 것이 아니라 웃지 못하는 것인지도 모른다.

남의 말도 잘 듣지 못한다. 아니 들으려고 하지 않는다. 내 이야기, 내 자랑에 바쁘다. 남이 사는 이야기, 다른 사람의 아픈 사정, 그 사람의 진정을 듣고 알려고 하지 않는다. 대신 남이 내 이야기를 들어주고 맞장구 쳐주고 인정해 주길 바란다. 내가 그의 이야기를 들어주고 마음을 열어주면 그도 나에게 그리할 것을….

시집가고 처음으로 친정 나들이를 한 딸아이를 보며 생각을 한다.

'그냥 smile 해주고 그냥 listen 해주는 연습을 많이 해야겠다. 나부터'

가끔은 거꾸로 걷게 하라

산을 내려오는 길에 맨발로 산을 오르는 사람을 만났다. 최신 유행의 등산복에 빨간 등산 모자로 희끗희끗한 반백 머리를 감춘 지극히 정상적인 중년의 등산객이었다. 다만 짊어진 등산 배낭에는 멀쩡한 등산화가 매달려 있었다. 제법 가파른 길임에도 성큼성큼 올라가는 그를 조용히 따라갔다. 깨진 돌 조각이며 튀어나온 나무뿌리, 가끔 보이는 유리병 조각들이 있지만, 그는 그냥 걸음만 재게 움직이고 있었다.

꽤 힘든 경사를 숨 한 번 고르지 않고 오른 그는 정상 아래 소나무 밑에 앉더니 물병을 꺼내 물을 한 모금 마셨다. 모자를 벗은 모습을 보니 잘 다듬어진 머리며 환하게 생기가 도는 얼굴, 손에 꺼내 든 휴대전화가 사회를 등지거나 뭔가 별스럽게 사는 괴짜는 아닌 듯했다. 그렇다고 맨발로 다녀서 치료해야 할 만큼 병자 같은 기색도 없었다.

"왜 맨발로 다니세요? 아프지는 않으세요?"
그는 조심스럽게 묻는 나를 힐끗 보더니,
"남이 만든 룰rule대로 따라 사는 게 억울하지는 않으세요?"
의아해하는 표정으로 물끄러미 쳐다만 보고 있는 나에게

"거꾸로 한번 살아보고 싶지 않으세요?" 아리송한 질문을 던지고는 일어섰다.

거꾸로 산다? 박쥐처럼 거꾸로 매달려 세상을 보라는 말인가? 사고의 전환이니 발상의 전환이니 하는 이야기도 한때 유행했었다. 뜬금없이 어려서 학교에서 배운 노래들을 거꾸로 부르는 장난을 했던 것이 기억이 났다.

"끼토산 야끼토 를디어 냐느가? 총깡총깡 서면뛰⋯."

"이종교학 땡땡땡, 서어 자이모⋯."

뒷걸음으로 걸어도 보고 자전거 천천히 타기도 해 봤다. 빨리만 가는 세상에서 느리게 사는 미학도 유행했었다. 그런데 거꾸로 사는 것과 맨발로 산을 타는 것과 무슨 상관이란 말인가? 그리고 남이 만든 룰대로 살면 억울하다? 열심히 규정을 지키고 세금 다 내고 군대 다 갔다 오면 억울하다는 얘긴가? 그나저나 나도 한번 맨발로 가 볼까? 나도 맨발로 걸어 보면 그의 선문답도 이해가 될까?

하지만 선뜻 나설 수가 없었다.

많이 아플 텐데⋯, 남들 시선도 그렇고⋯. 하는 생각 때문이었다.

등산길 내내 그 생각에 사로잡혀 이제 막 피어나는 하얀 바람꽃도, 연자주노루귀꽃도, 노란 괭이눈도 잘 보이지 않았다. 삐죽삐죽 머리를 내미는 다래 순도 샛노란 망울을 터뜨리고 있는 생강나무에도 눈길을 주지 못했다. 따르르르 딱따구리 소리도 들리지 않았다.

그를 다시 만난 건 한 달쯤 지나서였다. 이번에는 배낭도 없이 그저 물병 하나만 들고 번개같이 내려오고 있었다. 그에게 다시 한 번 물었다.

"대체 왜 맨발로 다니시는 건가요?"

"한 번 해보세요. 남들과 다르게 살아보는 것도 재밌어요."

"다만 그럴 만한 용기가 있느냐 없느냐의 문제지!"

문득 고정불변인 것은 아무것도 없다는 부처님의 말씀이 떠올랐다. 그리고 '그물에 걸리지 않는 바람처럼, 무소의 뿔처럼 혼자서 가라.'는 경구가 떠올랐다. 꼭 등산화를 신어야 하는 것도 누가 뭐라고 할 것도 아니지 않은가! 해보지 않고 이렇다저렇다 무슨 말을 하나? 찍어 먹어 봐야 맛을 알고 하늘을 봐야 별을 따지.

'그래 한 번 해보자! 까짓 거!' 늘 꽁꽁 갇혀 지내는 내 발도 환영할 것 같았다. 자리에 주저앉아 등산화를 훌훌 벗었다. 막상 한 발을 내디디려니 걱정이 앞섰다. '무지하게 아프지는 않을까?' 에라 모르겠다 한 발 내디뎠는데 뜻밖에 발바닥에 닿는 황톳길의 감촉이 너무도 부드럽다. 까실한 마사토 모래알갱이가 발바닥을 간지럽힌다.

"어! 하나도 안 아프네."

흙의 보드라움을 통해서 대지의 기운도 올라오는 듯했고 발뿌리에 닿는 작은 돌조각이며 나무뿌리며 꼬물거리는 곤충들이 눈에 큼직하게 들어오고 숲 속의 이름 모를 들꽃이며 작은 풀잎들의 이야기도 들리는 듯했다. 구름이 등성이를 넘어가는 소리, 바람이 나뭇잎을 만지고 가는 소리, 계곡물이 바위 사이를 씻어내는 소리를 들으며 그들을 안고 살아가는 대지와 이야기도 나눌 수 있었다. 그리고 무엇보다도 남들이 하지 않는 일도 나만 좋다면 할 수 있는 용기가 생겼다. 좋은 생각, 좋은 일이라면 이제 서슴지 않고 일단 하고 보자는 생각이 들었다. 망설이고 우물쭈물하고 눈치 보는 시간도 줄어들었다.

내가 하고 싶은 일이라면 남의 눈치를 꼭 볼 필요도 없고, 다른 사람 생각해서 하기 싫은 일을 억지로 하지 않아도 될 것 같았다. 남의 생각에 맞춰 남들이 하는 대로 아무 생각 없이 살아오고 나만의 룰을 만들어 살지 못하고 그저 휘둘리며 살아왔음도 억울했다.

아이들 공부도 마찬가지가 아니겠는가! 남들이 하는 대로가 아닌 나에게 그리고 내 아이에게 맞는 방법을 찾아야 한다. 남들 예체능 과외 한다고, 남들 족집게 과외를 한다고, 남들 명문학원 보낸다고, 남들 다 1등하고 싶어한다고 아이에게 맞지도 않은 방법들을 강요하고 몰아세우면 안 된다. 틀에 박힌 방법이 아닌, 누구나 다 하는 방법 그대로가 아닌, 거꾸로 가더라도 내 방식대로 자신 있게 밀고 나가면 그게 성공한다.

누군가 나에게 묻는다.
“발바닥 괜찮으세요?”

나는 그냥 웃어 주고는 노래를 부른다.

"끼토산 야끼토…."

애타심을 키워라

목적을 상기시켜라

깔딱고개 넘기기

마음부터 다스려라

명상을 가르쳐라

세차게 뿜는 물은 컵을 채울 수 없다

Chapter 5

내 아이의 그릇 넓히기

애타심을 키워라

"그냥 비빔국수 해먹어요. 그 사람들한테 미안하잖아요."

아이들의 얼굴에는 아직도 땀방울이 송골송골맺혀 있었다. 하지만 한결 진지해지고 어른스러워 보여 빙긋이 웃음이 나왔다. 울긋불긋한 아웃도어 웨어를 입은 등산객으로 꽉 메워진 하산 길을 우리는 간편한 반바지에 티셔츠 차림으로 온통 땀에 젖은 채 목에 두른 수건을 흔들며 내려왔다.

청계산 남쪽 자락에 있는 녹향원은 지적장애인 수용시설이다. 항상 소풍객들로 가득 찬 청계사 진입로 한 곁 작은 건물 안에, 사지가 뒤틀리고 지능이 머무른 채로 삶을 겨우겨우 이어가고 있는 사람들이 있다는 사실을 아는 사람은 몇이나 될까?

매주 주말마다 나는 아이들과 같이 집에서 가까운 이 시설에서 목욕과 세탁봉사를 하고 있다. 여러 명의 자원 봉사자들이 하루씩 맡아서 봉사를 하고 있는데 나는 아이들과 같이하고 싶어 토요일 오후 봉사를 자원했다. 거창한 인성교육이니 뭐니 하기 전에 아이들에게 몸으로 일하는 습관을 갖게 하고 싶었고, 자기보다 힘겹게 사는 사람들도 있으며 현재의 자신이 얼마나 행복한가를 스스로 깨닫게 해

주고 싶어서였다. 늘 위를 보고 살기 마련이지만 가끔은 아래를 살피는 일 또한 중요한 일이라는 것을 알려주면 아이들 스스로 '행복 찾기'가 쉬워질 거라는 생각에서였다.

　우리가 살아가는 목적은 자신에게 맞는 행복한 삶을 찾기 위한 것이요, 교육은 그것을 찾는 방법을 알려주는 것이 아닐까? 그런데 그 행복의 버전은 각자에게 늘 다르기 마련이므로 자신의 버전에 맞는 행복 소프트웨어를 찾고 만드는 방법을 봉사활동을 통해 아이들에게 가르쳐 주고 싶었다.

　하지만 토요일 오전 수업을 마치고 친구들과 놀고 싶고 밀린 공부도 하고 싶은 사춘기 아이 둘을 설득하는 일은 그리 간단하지 않았다.

　그래서 아이들에게 맛있는 외식을 제공하기로 하였다. 겨우 떡볶이나 짜장면정도가 전부였던 짠돌이 엄마에게서 자기들이 좋아하는 피자며 치킨, 돼지갈비 같은 것을 얻어먹는 호사를 누리기가 쉽지 않았던 터였다. 사실 서너 시간의 중노동을 마치고 나면 그 정도의 영양보충은 필수다. 녀석들은 처음에는 맛있는 음식에 끌려서 왔지만 차츰 장애우들을 도와주고 어울리는 일이 보람과 가치를 주는 일이라는 것을, 그리고 누군가 자기를 기다려 주고 고마워하는 사람이 있다는 것이 얼마나 행복한가를 깨우쳐 갔다. 먼저 나서면서 재촉하기도 했고 친구들을 몰고 오기도 했고 방학이면 친구들과 어울려 다른 봉사활동 프로그램에 참가하기도 했다.

　봉사활동이 계속 될수록 아이들의 의식은 점점 더 성숙해져 갔고 학교 성적도 가파르게 상승했다. 공부뿐만 아니라 자질구레한 심부름은 물론 집안 청소며 쓰레기 비우는 일들은 시키지 않아도 잘했고, 주변의 친구들뿐만 아니라 엄마 아빠에게도 무언가 도와주고 무언가 베풀려고 노력했다. 멀쩡한 몸뚱이를 가지고 게으름을 피우거나 편안한 것만 찾는 것이, 그리고 비싸고 좋은 것만 찾는 것이 왠지 미안한 마음이 든다는 것이었다.

맛있는 음식이나 좋은 옷을 보면 "이거 거기 사람들 가져다주면 좋을 텐데…." 하며 챙기는 녀석들. 사치스런 옷이나 분에 넘치는 요구를 하다가도 문득 "그 사람들은…." 하면서 그만두는 녀석들. 그렇게 녀석들은 자기 자신만이 아니라 다른 사람들과 같이 가는 법을 알아 가게 되었고 자신이 가진 것들이 얼마나 행복한 것인지 그리고 그 행복에 대한 의무가 무엇인지를 깨달아갔다.

봉사는 받는 사람보다 하는 사람을 더 행복하게 하고 더 도움이 된다는 말을 아이들의 성장을 보면서 나는 실감했다. 살아가면서 자신의 이익만 추구하지 않고 자신보다 힘든 처지에 있는 사람들이 있다는 것을 알고 그들에게 도움을 줄 줄 아는 마음을 갖게 해주려고 시작한 봉사활동이 기대했던 것보다 더 훨씬 많은 보상과 깨달음을 가져다준 것이다. 우리 아이들에게 나 아닌 다른 사람, 그리고 그들과 어울려 사는 세상이 더 행복하다는 것을 알고 그런 세상을 만드는 것이 각자의 의무이자 행복이라는 것을 알려 주는 것은 교육이 아니라 부모의 의무라고 생각한다.

"돼지갈비에 냉면 포기하는 거 정말 후회 없는 거지?"

"네, 설거지는 우리가 할게요!"

묵은 김치를 볶고 고추장을 듬뿍 넣어 주물럭주물럭 비빈 다음 오이채와 깨소금을 고명으로 얹은 시원한 미역 냉국과 함께 내놨다.

"와 엄마표 비빔국수. 우리끼리만 먹기 아까워요. 국숫집 하나 차리지."

후루룩 들이키다시피 입에 집어넣는 아이들을 보며 하루의 피로를 한 방에 날렸다.

목적을 상기시켜라

두 번째 시험에 떨어지자 아이는 고민하기 시작했다.

"이제 변리사 시험 그만 보겠습니다."

막 들어 올리던 호프 잔을 놓고 아무 말 없이 아들의 얼굴을 쳐다보았다.

"저한테는 안 맞는 것 같아요."

다시 1차 시험부터 준비해야 하는 그 지겨운 책과의 싸움. 큰 부담일 것임이 틀림없다. 게다가 새로 일을 시작한 카이스트에서의 자유로운 분위기 속에서 그 구속적인 고시공부가 얼마나 싫을까. 녀석의 처지에서 보면 이미 남들이 부러워하는 성공적인 삶이 약속되어 있는데 뭐하러 그 어렵고 위험부담이 큰 험난한 고난의 길을 택하고 싶어 하겠는가. 좋아하는 운동도 게임도 친구 만나는 것도 소개팅도 연애도 다 뒤로 미루어야 하는데 말이다.

순간적으로 눈썹을 치켜뜨려는 남편의 손을 슬며시 잡았다.

"다음에 꼭 붙는다는 보장도 없고…, 꼭 고시를 해야 성공하는 것도 아니잖아요?"

'사내 녀석이 용기도 없고, 끈기도 없고…', 평소 같으면 호통을 쳤을 남편도 조용히 기다렸다.

"그냥 전공공부를 계속하는 게 더 좋을 것 같아서…, 원래 생각했던 대로…."

오랜 고민 끝에 내린 확고한 결심이라는 듯 힘을 주고 자기논리를 펴기 시작했다.

문득 녀석이 귀국했던 때가 떠올랐다.

"엄마 나 학교 안 갈래." 그때도 녀석은 당당하게 말했다.

전혀 다른 분위기와 친구들에게 적응하지 못하고 왕따 당하고 성적도 형편없고 툭하면 선생님에게 혼이 나고 매를 맞기도 하고, 학교가 끝나면 다들 학원으로 과외로 바쁘게 흩어지는 그 현실이 녀석이 적응하기엔 너무도 어려웠던 모양이었다.

"학교 안 다니고도 훌륭하게 된 사람들도 많잖아요!

당황하기도 하고 화도 나기도 했지만 무작정 윽박지를 수는 없었다.

"아무렴. 우리 아들이라고 에디슨이 되지 말란 법 없지. 우리 홈스쿨링 하지 뭐."

단박에 손뼉을 치며 그러자고 하자 녀석이 갑자기 얼어붙었다.

"아빠가 국어 수학 체육 선생님 하고, 엄마가 나머지 과목 가르치지 뭐."

녀석에게는 폭탄선언이 아닐 수 없다.

"영어는 내 담당. 넌 죽었어. 이제."

누나까지 소매를 걷고 나서자 녀석은 금방 울상을 지었다.

"그런데 쉬는 시간에는 누구하고 놀지?"

"선경이 보고 싶어 어쩐다니?"

얼굴도 예쁜데다가 살갑게 대해 주는 선경이는 녀석이 내심 속으로 좋아하는 짝꿍이었다.

"상원이 가방은 누가 들어주고."

아파트 같은 동에 사는 상원이는 목발을 짚기 때문에 녀석이 늘 가방을 들어다 줬다.

"그래 참 상원이…, 선경이도 영어 가르쳐 달랐는데…."

녀석의 눈에 다른 그림자가 어른거렸다.

"학교는 공부만 하러 가는 곳이 아니란다. 선생님 친구 만나서 서로 도와주고 도움 받는 걸 배우는 곳이야. 선생님, 친구, 다 너를 도와주는 사람들이야. 그리고 네가 도와줘야 할 사람들이기도 하고."

이해를 했는지 아니면 선경이 때문이었는지 녀석은 점차 학교생활에 재미를 붙여 갔었다.

그때 이야기를 꺼내자 쑥스러워 하는 녀석의 잔에 맥주를 부어 주며 물었다.

"그런데 변리사 고시는 왜 보려 했는데, 아니 변리사는 왜 하려는데?"

연봉이 높아서? 소위 '사士' 자字라는 명예 때문에? 아니면 아는 선배들이 권해서?

갑자기 녀석이 웃음을 터뜨렸다.

"또 누군가 도와주라고?"

의기양양했다. 정답을 맞혔다고. 반론도 준비돼 있으렷다. '도와주는 방법도 많다.'라고.

정색하고 녀석을 뚫어지게 쳐다보았다.

"다른 사람과의 문제가 아니야. 너 혼자 넘어야 할 산, 자신과의 싸움이야. 승리자가 되느냐 패배자가 되느냐, 용감하게 싸워 이기느냐 비겁하게 도망가느냐 선택도 너의 몫이지."

말없이 다시 학교로 돌아간 녀석은 아무에게도 말하지 않고 예상 문제집을 챙겼다.

녀석들이 문제에 부딪힐 때마다 늘 스스로 해결하도록 했다. 그러한 해결 의지를 북돋는 데에는 그 문제에 걸맞은 목표를 잘 제시해 주는 것이라고 믿고 있다.

목표가 없으면 바람에 따라 이리저리 방황하지만, 목표가 정확하면 그 방향으로 한결같이 찾아갈 수 있고 꿈을 키우고 실현할 수 있다. 아이들이 목표와 꿈을 잘 세우고 그를 향해 달리게 하면 웬만한 어려움도 스스로 극복할 이유와 힘이 생기기 마련이다. 공부하면서, 살아가면서 부딪히는 고민이나 유혹 같은 장애물을 스스로 뛰어넘을 수 있는 힘, 그리고 목표에 가까울수록 가속도를 붙이는 힘 말이다. 꿈을 향해, 목표를 향해 달리는 정확한 이유를 가진 사람이 세상에서 가장 강한 사람이다.

그렇다면 문제는 어떻게 아이들에게 좋은 목표를 알려주느냐 하는 것이다. 그냥 공부 잘해야 훌륭한 사람이 된다든지 일류 학교에 진학해야 한다든지 하는 것보다는 아이들 눈높이에서 구체적으로 실현가능한 목표를 설정해 주어야 한다.

'10점만 더 받아보자'

'10등 안에만 들어 보자'

'이 정도는 할 수 있다'라고 느끼고 실제로 이룰 수 있음으로써 성취감을 맛보게 해야 한다.

한번 성공을 경험한 아이는 점점 더 높은 목표에 도전할 수 있는 자신감이 생긴다. 또한 엄마의 목표도 아이와 같아야 한다. 같은 목표를 향해 같이 달리면 혼자 달리는 것보다 힘도 덜 들지만 기쁨도 더할 테니까. 그때그때 방향도 바로잡고 밀어주기도 하고 끌어 주기도 하고 같이 쉬기도 하고 같이 슬퍼하고 기뻐도 할 수 있을 테니까 말이다.

깔딱고개 넘기기

　어느새 긴 여름 해도 건너편 능선의 나무꼭대기에 걸렸다. 앞에 가는 녀석의 발걸음도 많이 느려졌고 온몸에 흐른 땀은 얇은 등산 티를 흠뻑 적시고 바지의 허리춤까지 젖었다. 갑자기 눈앞을 가로막는 가파른 능선, 아슬아슬하게 뿌리박은 갈참나무들이 올려다보기만 해도 목이 아픈 고갯길에는 이미 등산객들과 참배객들이 바짝 붙어 있었다. 드디어 그 악명 높은 설악산 '봉정암 깔딱 고개'에 도달한 것이다.

　아이는 변리사 2차 시험을 불과 한 달여를 남기고 몸도 지쳤지만, 마음이 더 힘들었는지 먹는 것마다 토하고 잠도 제대로 자지 못했다. 하루하루 다가오는 시험날짜, 공부는 점점 더 지지부진, 급기야 병이 되고 말았던 것이다. 이번에도 실패하면 안 된다는 강박감에 이러다간 시험은 고사하고 아이 건강을 해칠 것 같았다. 도서관에 가려고 나서는 아이를 차에 태웠다.

"그냥 바람이나 쐬고 오자꾸나."

　시원한 강바람이 열린 차창으로 불어오자 녀석의 표정이 많이 밝아졌다. 하지만 기분전환 차 드라이브하는 줄 알았다가 백담사 주차장에 도착해서야 오늘 중요한 모의고사도 있고 할 공부도 많다며 안절부절못한다.

"봉정암. 언젠간 꼭 한번 가보고 싶었거든."

평생 세 번을 오르면 소원 성취한다는 봉정암. 해발 1200여 미터 중청봉 아래 장대한 암석봉우리가 뻗어 나가는 용아장성 어깨 어림에, 부처님 진신 사리를 모신 사리탑이 커다란 바위에 뿌리를 박고 있고, 뒤쪽으로 봉황과 부처님 얼굴 모습을 한 바위병풍이 펼쳐져 있다.

일곱 시간은 족히 걸린다는 그곳, 고시 공부만 하느라 제대로 운동다운 운동을 못한 지 오래인 녀석과 산이라야 청계산 정도가 고작인 나로서는 애당초 무리인 산행이었다. 그것도 시험을 코앞에 둔 1박 2일 산행은 시간 관리는 물론 체력 면에서 말도 안 되는 일이다.

여름 중반의 내설악 계곡은 정말 아름답고 싱싱했다. 시원한 바람이 잎사귀에 갈라지는 소리, 계곡물들이 바위를 쓰다듬고 부딪치며 부르짖는 소리, 그 푸르디푸른 에너지에 공부니 모의고사니 고시니 따위는 다 잊어버렸다. 하지만 등산을 시작한 지 두어 시간이 지나자 가지고 간 생수 두 병, 오이 두 개, 초콜릿 두 개는 사라진 지 오래. 계곡물만 보면 머리를 처박고 들이켰다. '까짓 남들도 다녀왔는데' 하고 달려들었던 하룻강아지들의 등산은 문자 그대로 고행 산행이 되고 말았다.

하루 공부 빼 먹은 정도가 아니라 며칠 동안은 앓아누울 것이 뻔했다. '괜히 그랬나?' 인제 그만 돌아가자 싶었지만 이미 어두워진 산길. 그야말로 진퇴양난이다.

깔딱 고개에 도달했을 때는 그만 털썩 주저앉고 말았다. 도저히 저 고개를 넘을 엄두를 낼 수가 없었다. 고갯길 중간 중간에는 우리를 추월해 갔던 사람들이 마지막 젖 먹던 힘을 짜내어 고개를 넘기 위해 안간힘을 쓰고 있었다. 나무 둥치를 잡고 매달려 있는 사람, 나무뿌리를 거머잡고 엎드려 '관세음보살'을 염하는 할머니.

반쯤 누워 물끄러미 바라보던 녀석이 갑자기 돌아서더니 내 배낭을 뺏어 들고 앞장서기 시작했다. 그리고는 그 가파른 고갯마루를 향해 성큼성큼 걸어 올라가는 것이 아닌가! 조금 전까지 지쳐서 온몸을 늘어뜨리며 겨우 걸음을 옮기던 모습은 온데간데없다. 어디서 그런 힘이 생겨 나오는지 녀석에게 이끌려 가던 나도 서서히 힘이 나기 시작했다. 우리는 천천히 한 발 한 발 고개를 넘었다. 정말 한 발자국도 옮기기 어려운 순간에도 주저앉지 않고 서서 서로 바라보며 숨을 모았다. 어느 순간 '씨익' 웃음빛이 떠오르기 시작했다. 마지막 한 발을 디뎌 고개를 넘은 순간 저편 소나무 숲 사이로 불빛이 보이고 목탁소리가 들려왔다. 누구랄 것도 없이 우리는 소리를 질렀다. 아니 소리가 터져 나왔다. 그리고 어느새 눈물이 쏟아졌다.

"돌아갈 수도 없고 피해 갈 수도 없다면, 이기고 가자 생각하니까 힘이 마구 솟는 거 있죠?"

겁을 내거나 피하려 하면 고개는 더 높아 보이게 마련 아니냐는 녀석의 말에 밤새워 기도하고 참선하고 절하는 동안에도 뭔지 모를

에너지가 솟구쳐 온몸이 팽팽해져 있었다. 내려올 때는 아예 뛰다시
피 했다.

"또 넘어야 할 깔딱고개가 기다리고 있어요!" 녀석의 신경성 소화
불량과 불면증은 씻은 듯이 사라졌다. 그리고 녀석은 두 번의 도전
만에 고시에 합격했다.

살다 보면 크건 작건 깔딱 고개를 만나게 된다. 벼랑과도 마주친
다. 아니 삶 그 자체가 험난한 길이다. 피할 수도 돌아갈 수도 없다.
그럴땐 그냥 넘어가면 된다. 그냥 기어 올라가면 아무리 높고 아무
리 가파른 고개 든 벼랑이든 지나갈 수가 있다. 겁낼 것도 두려워할
것도 없다. 다른 길을 선택할 걸 하는 후회도 운명을 원망할 필요도
없다. 힘차게 다시 한발 내디디면 결국 그것들은 살아가면서 흔히
만나는 그 많은 고개요 벼랑 중의 하나일 뿐이다.

녀석과 나는 그 힘들다는 '변리사 고시'의 마지막 깔딱고개를, 아
니 우리 두 사람의 가장 힘들었던 삶의 깔딱 고개를 그렇게 넘었다.
앞으로는 그 어떤 고개도 웃으며 넘을 수 있다는 자신이 생겼다.

마음부터 다스려라

　빗소리가 가득한 산사에서 서서히 입정에 들었다. 어깨의 힘을 빼고 눈을 감고 고개를 들고 나는 숨을 지켜본다. 한 줌 숨줄기가 코끝을 건드리고 기도를 타고 허파로 뱃속으로 드나드는 모습을 따라가다 보면 천천히 마음이 가라앉는다. 이윽고 세상소리가 멀어지고 대웅전 추녀 아래 낙숫물 소리가 또렷이 올라온다. 쏴 하고 기와지붕 위로 쏟아지는 장맛비 소리 속에 선명하게 똑똑똑 떨어지는 소리. 그 빗방울 하나를 톡! 머리 위 백회혈에 떨어뜨린다. 머리를 때리고 흩어지는 그 상쾌함!

　시원해진 머릿속으로 조금씩 빗방울을 흘려 뇌를 적셔 준다. 그 주름 하나하나의 모양과 그것들이 관장하는 기억과 생각을 읽고 수고한다고 칭찬하고 부드럽게 만져 주고 촉촉하게 적셔주면 윤활유를 갈아 준 엔진처럼 생각이 가벼워지고 매끄러워진다.

　머릿속을 휘감아 돌고 난 빗방울을 눈으로 코로 귀로 목구멍으로 그리고 내장기관으로 흘려보내고 다시 팔다리로 보낸다. 이렇게 내 몸 구석구석을 살피고 장기 하나하나 피부의 숨구멍 털구멍까지 그려 보고 바라보고 말을 걸어 대화를 나눈다. 그렇게 나를 위해 쉬지 않고 움직이는 그들이 소중하고 귀한 존재임을 깨닫게 되고 그들을 위해서라도 바르게 살아가야 한다는 것을 느끼며 단전에 숨을 모은다.

옆에 앉은 아이들의 숨소리도 고요하게 리듬을 타고 있다. 이제는
제법 명상에 익숙해져서 나보다 더 오래 앉아 있기도 하는 녀석들.
자신의 마음을 들여다보고 생각을 정돈하고 있을 것이다. 어떻게 살
아왔는지, 어떻게 살아갈 것인지…. 그리고 자신이 공부해야 할 책,
참고서, 노트, 오늘 배운 것, 배울 것을 떠올리고 지난번 시험, 다음
시험에 나올 것들을 미리 예상하기도 할 것이다. 그렇게 생각하 다
보면 왜 살아야 하는지, 어떻게 살아야 하는지, 어떤 공부를 어떻게
해야 하는지 모든 것이 명확해지고 밝아진다.

아이들에게 공부라는 것은 하루 이틀에 끝나지 않는다. 대학을
졸업하고도 취업준비니 고시니 승진 시험이니 이놈의 공부는 끝이
없다. 어쩌면 평생을 두고 따라다니는 지긋지긋한 동반자일지도 모
른다.

"엄마 공부하기 싫어."

"시험이 없는 세상은 없을까?"

유난히 예민한 우리 아이들은 그야말로 시험 공포증에 걸렸다. 늘
점수와 등수에 따라 상급학교로 진학하고 자기의 인생이 결정된다
는 압박감에 녀석들은 날로 소심해져 가고 시간이 갈수록 스트레스
에 시달렸다.

시험을 볼 때마다, 시험 성적이 나올 때마다 점수 한 점 한 점에

불안해하고, 좌절하고, 일희일비하는 우리의 아이들. 그 긴 운명의 여정을 조금이라도 편안하게 가는 법을 알려주는 것이 엄마가 해 줄 중요한 일이라고 생각했다.

가까운 선원으로 아이들을 데리고 갔다. 그리고 같이 명상을 배웠다. 다행히도 아이들은 큰 거부감 없이 따라 주었다. 주말이나 방학이면 가까운 절이나 선원을 찾아 명상하거나 템플 스테이를 하기도 하고 가끔은 집안에서 아이들과 같이 자리를 잡고 앉았다.

처음에는 공부도 바쁜데 명상한다고 앉아있을 시간이 어디 있느냐고 반문하던 녀석들도 몇 번 하고 나더니 공부가 즐거워지고 집중력도 키워준다며 좋아하기 시작했다. 생각도 긍정적으로 변하고 책임과 주관도 뚜렷해지고 모든 일에 자신감을 갖기 시작했다.

그렇게 한번 마음가짐마인드셋 mindset이 되자 해야 할 일이라면 당황하거나 두려워하거나 피하려 하지 않았고 즐겁게 나서기 시작했다. 친구들도 여유롭게 대하고 학과 성적은 물론 내신 성적도 눈에 띄게 좋아졌다. 자세도 바로잡히고 건강도 좋아지고 낯빛이 환하게 밝아지는 모습이 보기 좋았다. 큰 녀석은 내친김에 명상 요가까지 마스터했다.

우리 아이들은 공부가 힘들어지거나 생각이 복잡해지면 곧바로 명상에 들어간다. 침대맡에 명상 책을 놓고 잠자기 전에 호흡을 정리한다. 학교에서나 도서관에서나 심지어는 버스나 전철 안에서도 눈을 감고 명상에 빠지기도 한다. 사실 흔들리는 차 안에서는 잠보다 명상이 피로 회복에 훨씬 더 효과적이다. 그리고 시간도 훨씬 더 빨리 간다.

명상을 하면 적게 자도 몸은 훨씬 개운하다. 수업 전후에 잠깐씩 명상을 하면 선생님 말씀이 귀에 쏙쏙 들어와 학습효과가 월등하게 좋아진다.

변리사 고시가 끝나고 나서도 녀석은 산사로 템플스테이를 떠나 스스로 마음을 다스리고 돌아와서는 담담하게 다시 연구실로 돌아갔다.

'탁' 죽비 소리에 맞춰 참선을 끝내고 일어서는 나에게 녀석이 말했다.

"전 조금 더 하고 갈게요."

스스로 자신을 찾고 생각을 정리하는 녀석을 보면서 녀석이 훌륭한 변리사로서뿐만 아니라 훌륭한 사색인으로서의 모습을 잘 갖추기를 바랄 뿐이다.

명상을 가르쳐라

학창시절에는 공부와 시험에, 성인이 되어서는 취업과 승진에, 늘 무한 경쟁 속에서 살아야 하는 우리 시대 우리 아이들. 이 아이들에게 부모로서 주어야 할 것이 있다면 무엇일까?

우선 대부분 사람들은 돈을 먼저 꼽을 것이다. 아이들이 하고 싶고 먹고 싶고 가지고 싶은 것을 공급해 줄 수 있는 매직. 그 매직을 원하는 만큼 제공해 줄 수 있다면 부모는 어떤 일이라도 한다.

두 번째로는 아마도 좋은 습관을 가르쳐 주는 일이다. 늦게까지 컴퓨터 게임에 매달리는 아이를 책상과 침대로 보내는 일, 비뚜름하게 누워 TV를 보는 아이에게 바른 자세를 가르치는 일, 기름진 음식과 패스트푸드만 찾는 아이에게 좋은 음식에 길들이게 해주는 일, 항상 건강하게 살아갈 수 있도록 평생 할 수 있는 운동을 가르쳐주는 일. 마지막으로 어떤 어려움에도 쉽게 흔들리지 않도록 마음을 다스리는 법을 가르치는 일이다.

우리는 자신에 대하여 잘 알지 못한다. 내가 누구인지, 자신이 얼마나 귀하고 소중한 사람인지, 나의 능력과 한계, 나의 장점과 단점, 내가 해서 좋은 일 해서는 안 되는 일, 삼가고 조심할 일이 무엇인가를 알지 못하면 늘 욕심을 내게 되고 그 욕심에 휘둘리고 끌려 다닌다.

우리는 내 마음을 내 의지대로 끌어가지 못한다. 내가 나를 움직이는 것이 아니라 내 마음이 아닌 다른 마음이 나를 이끌어 간다. 자기 자신을 모르니까 늘 눈앞의 유혹에 흔들리고 자기 조절을 못하니까 늘 눈치 보며 불안하게 살 수밖에 없고 자기 마음을 통제하지 못하니까 늘 욕심에 끌려 허덕이며 살 수밖에 없다.

자신을 알면 주변 사람과 모든 사물을 있는 그대로 볼 수 있는 지혜의 눈을 뜨게 된다. 명상을 통해 자기가 누구인지를 찾아내고 확인하고 조절하며 삶의 어려움을 하나하나 지혜로 밝히며 살아갈 수 있다. 형식에 숨고 겉치레에 감춰진 본래의 모습을 볼 수 있고, 삶의 본질을 보다 명명하게 볼 수 있다. 어두운 밤 등불과 같은 것이 명상이다.

자기가 왜 공부를 해야 하는지, 어떤 마음으로 공부해야 하는지 모르면 성적을 올리기 어렵다. 어떻게 마음을 다스려야 하는지 모르면 성적을 올리는 데 꼭 필요한 집중력도 이해력도 응용력도 그리고 자신감도 기대하기 어렵다.

오로지 공부에만 전념하려면 체력도 중요하지만, 항상 맑은 정신을 유지하여야 한다. 몸이 피곤하거나 정신이 혼탁하면 공부를 잘할 수 없다.

명상의 효과는 몸과 마음에 동시에 일어난다. 명상을 얼마간 하면

복식호흡과 이완작용을 통해서 곧바로 몸이 유연해지고 피로가 쉽게 풀리고 소화가 잘 된다. 잠을 편히 자게 되고 배변이 원활해진다. 체질이 강화되어 좀처럼 병에 걸리지 않으며 병에 걸려도 곧 회복된다. 호흡이 깊어지고 노폐물 배출이 원활하므로 생리기능이 왕성해져 자연히 면역력이 생기고 척추와 관절이 균형이 잡혀 신경통이나 견비통 요통 관절통 같은 증상들로부터 자유롭게 된다. 우리 아이들은 감기나 소화불량, 변비 같은 신경성 질환이 거의 없어지고 피부가 맑고 깨끗해져 언제나 활력과 매력이 넘쳤다.

마음에 일어나는 효과는 더 크다. 우선 집중력이 좋아지고 사고력이 향상되어 사물에 대한 이해가 깊어진다. 어려운 응용문제가 나와도 이를 풀어나가는 능력과 창의력이 좋아진다.

친구나 주위 사람과 다투는 일이 현저히 없어진다. 마음이 넓어져 상대방의 입장을 먼저 살펴 포용할 수 있는 여유가 생기기 때문이다. 매사에 긍정적이고 적극적이며, 사고가 낙관적으로 바뀌어 아이가 늘 명랑하고 싱글벙글해서 보는 사람까지 기분이 좋아지고 어려움에 부딪혀도 크게 걱정하지 않는다.

명상은 잠시 달리기를 멈추고 가쁜 호흡을 다스리고 온갖 찌꺼기들로 어수선한 마음을 들여다보는 것이다. 가만히 응시하는 사이 억눌려 있던 화나 슬픔, 억압되어 있던 분노와 갈등에 묻혀 있던 기쁨이 고개를 들고 제자리를 찾아간다.

무슨 일이나 성공을 위해서는 그 일을 뒷받침하는 기초가 튼튼해야 하는 법이다. 성적을 올리기 위한 기본 베이스는 무엇일까? 바로 효율적인 자기 조절 즉 몸과 마음을 다스려 스스로 목표에 집중할 수 있게 하는 것이다.

무작정 학원에 과외에 잠을 줄이고 돈을 들여가며 밀어붙인다고 성적이 오르는 것이 아니다. 기초가 튼튼하고 공정이 정확해야 건물을 올릴 수 있다.

명상은 엄마가 먼저 배워야 한다. 엄마가 먼저 안정되어야 좋은 교육을 설계할 수 있다. 아이에게 공부를 강요하기 전에 엄마 먼저 가까운 명상센터나 선원을 방문해 볼 일이다.

세차게 뿜는 물은 컵을 채울 수 없다

장마철 오후, 비가 그치기를 기다려 산에 올랐다. 날도 더운데다 습도까지 높아 숨이 턱턱 막혔다. 말 그대로 한증막 같았다. 온몸이 땀으로 범벅인데 목구멍이 단내로 텁텁해지고 그냥 하산할까 고민하는 차에 작은 약수터 표시가 나타났다.

"야 물줄기 한번 시원하다."

며칠동안 내린 장맛비 덕에 작은 바위 아래 박아 놓은 파이프에서 굵은 물줄기가 세차게 뿜어 나오고 있었다. 평상시에는 쫄쫄 감질나게 흐르던 물인데 펌프로 품어내기라도 하듯 콸콸 터져 나왔다. 목마른 깜냥으로는 입을 대고 벌컥벌컥 들이켜도 모자라겠지만 세찬 물줄기에 감히 엄두도 못 내고 작은 스테인리스 컵을 들이밀었다.

그런데 이게 웬일? 물은 한 방울도 컵에 들어가지 않고 다 퉁겨져 나가버리는 것이 아닌가! 다시 한 번 대봐도 급한 마음에 손바닥을 오므려 대봐도 결과는 마찬가지다.

난감하기 짝이 없었다. 몸은 어서 물을 달라고 아우성인데.

그때 가까이 있던 노인 한 분이 다가오며 껄껄 웃었다.

"어허 세찬 물은 컵에 담지 못한다오. 물줄기 옆에 살짝 가만히 대보구려.”

금세 컵에 물이 가득 찼다. 그 작은 물방울로도 충분히 목을 축이고도 남을 것을 그 물줄기를 통째로 마시기라도 할 양으로 컵을 들이밀었던 것이다.

물줄기가 너무 세차도, 물을 너무 많이 담으려고 해도 물은 컵에 들어가지 않는다. 알맞게 부드러운 물줄기, 필요한 만큼만 담으려고 하면 쉽게 채울 수 있는 진리를 나는 몰랐던 것이다.

사람도 마찬가지가 아닐까? 사람이 너무 강하고 똑똑하기만 하면 컵에서 튕겨져 나가는 물줄기와 다름이 없다. 너무 개성이 뚜렷하거나 너무 잘난 체만 하는 사람은 조직이나 집단에 몸을 담을 수 없다. 적당히 강하고 적당히 부드러워야 중하게 쓰이고 존경도 받는 법.

우리는 강한 것만 좋아하고 강한 것을 자랑하기에 재주를 뽐내려 하고 급급하고 모든 것을 다 갖기라도 할 양으로 욕심부터 낸다. 욕심이 많아서 더 많이 움켜쥐려 한다. 작은 것에 만족하고 꼭 필요한 것만 가지면 될 것을 그저 ‘많이많이, 크게크게’를 입에 달고 산다.

다음날 나는 아이들을 데리고 다시 그 약수터에 갔다. 그리고 시원한 계곡 약수로 목을 축이며 어제 느낀 이야기를 해 주었다. 아이들도 물줄기 속에 컵을 들이밀기도 하고 주변으로 요리조리 돌려 대보면서 진지한 얼굴로 세찬 물줄기의 교훈을 새겼다.

너무 뻗대고 잘난 척하지 말고 너무 많이 가지려 하지 말고 겸손

하고 부드럽게 그리고 욕심내지 말고 살아야 한다는 것을 가르쳐 주
자 고개를 끄덕였다.

　교육이란 꼭 교실에서, 학원에서만 하는 것이 아니다. 진리와 교
훈은 책 속에만 있는 것이 아니다. 우리 주변의 모든 사물과 자연이
가만히 들여다보면 다 스승이다. 그리고 그 자연의 진리를 체험하는
교육이야말로 산교육이 아닐 수 없다.

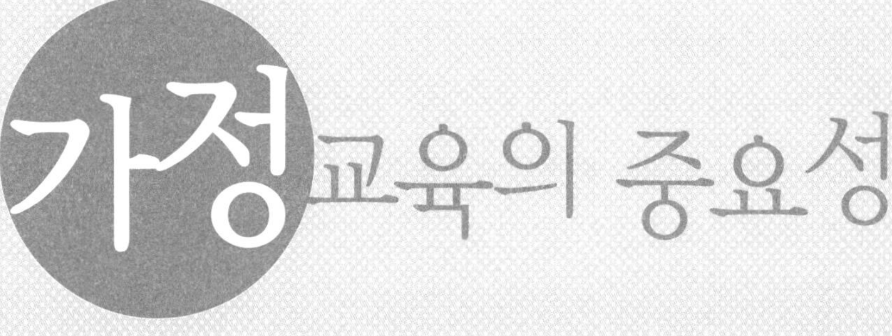

Chapter 6

가정교육의 중요성

적절한 구속은 약이다

"제가 따님을 며느리로 맞아들이기로 결심한 이유는요…."

처음 해보는 상견례라 적잖이 당황하고 있던 나는 사돈이 먼저 그
렇게 말을 꺼내자 자못 긴장감이 배가 되는 느낌이었다.

"그쪽 집안에 통행금지가 있다고 해서…."
팽팽한 풍선에서 바람이 '슈욱' 빠져나가는 기분이었다.
'얼굴이 예뻐서, 성격이 좋아서, 조신해서, 가정교육이 잘되어서'
를 잔뜩 기대를 하고 있는데….

문득 지나간 몇 년 동안의 일이 머릿속에 스쳐 갔다. 딸과의 통행
금지 전쟁!
나에게는 정말 지긋지긋한 추억이었다. 아이들 교육 때문에 군
생활을 하는 남편과 떨어져 살게 되었고 나는 '무한 책임감'이라는
노이로제에 사로잡히기 시작했다.
'너희들 교육 때문에 아빠 혼자 고생하시는데…'
고등학교는 물론 대학교에 가서도 일거수일투족 시시콜콜히 보고

하게 만들었다. 정확한 모임 장소와 시간, 그 모임의 책임자의 휴대폰 번호를 받는 것은 기본이었다. 귀가 시간이 되면 그 사람이 동기든 선배든 교수든 나는 가리지 않고 전화를 걸었다. 집이 안양이라서 '10시 이전에는 출발시켜야 한다'고.

교외에 나가서 1박이라도 하는 엠티는 엄두조차 내지 못했다.
"엄마 창피해 죽겠어. 나 이젠 어린애가 아니야!"
"어린애가 아니니까 더더욱 그렇지!"
딸아이는 전화로 짜증을 냈고 옆에서 "너희 엄마 계모 아니니?" 소리가 들려오기도 했다.

"내가 무슨 군인인가? 그리고 우리 집이 무슨 군대냐고요?"

딸아이는 자신의 자유와 독립을 위해서 나름대로 처절하게 반항하고 투쟁했다. 술 먹고 늦게 들어와 머리채 잡히고, 잠긴 문밖에서 울면서 밤을 새운 적도 있었다. 그렇게 녀석의 반항도 커졌고 자연 나의 통제도 거칠어져 갔다. 그런 일이 있는 주말이면 나는 집에 온 남편에게 지원을 요청했다.

우리 아이들은 어려서부터 잘못한 일이 있으면 종아리를 걷어야 했다.
"잘못했지? 지휘봉 골라온다. 실시!"

“예에~.”

장식장 백자 항아리에는 박달나무, 피나무를 깎아 만든 목제 지휘봉, 금색 칠한 금속제 지휘봉, 말채찍 모양의 가죽 지휘봉이 가득 꽂혀 있었다. 권총 차고 지휘봉 들고 병사들을 지휘하는 아빠의 모습을 늘 자랑스러워했던 녀석들이라 아빠의 이 말을 아이들은 제일 무서워했다.

동생하고 싸웠을 때도, 어른들 모인 곳에 가서 말썽을 피우거나 백화점에 가서 장난감을 사달라고 조르거나 지하철에서 뛰어다닌 날은 어김없이 종아리에 불이 났다. 반찬 투정을 하거나 어른들께 똑바로 인사드리지 않았을 때, 만화책이나 컴퓨터 게임에 빠져 공부하는 시간이나 잠자리 가는 시간을 지키지 않았을 때도 여지없이 녀석들은 지휘봉을 골라야 했다. 가죽 지휘봉은 종아리에 감겨서 무척 아프고, 쇠로 만든 것은 차가운 감촉이 싫어서 대개 나무로 만든 것을 가지고 왔다. 그것도 용무늬가 화려하게 꿈틀대는, 비싸 보이는 것으로. 그래야 부러질까 봐 살살 때린다는 것을 영악한 녀석들은 금세 알아차린 것이다.

남편이 집을 비우는 동안에는 ‘지휘봉 골라온다. 실시!’ 는 나의 단골 메뉴였다. 그 지휘봉 회초리만 들면 늘 전방에서 고생하시는 아빠의 까맣게 그을린 군복 입은 모습이 떠오르는지 아이들은 군말 없이 숙연해져서 오히려 내 마음이 찡해지기도 했다.

‘그래도 종아리 맞는 대학생 딸이라니…’

친구들은 이해가 안 간다고 했다.

1학년 종강파티였던가? 딸아이가 드디어 엄마 길들이기에 나섰다.

“처음이 어렵지, 몇 번 하면 그 다음부터는 포기하신다구. 언제까지 그럴 거니?”

“지금이 무슨 조선시대도 아니고….”

친구들의 비아냥거림과 응원을 등에 업고 녀석은 이참에 독립선언을 해야겠다고 생각했다.

“엄마! 오늘은 쫑 파티라….”

“알았다.”

의외로 간단한 답에 아이는 김이 빠지는지 아니면 ‘아이고 이게 웬 떡이야’ 하고 생각했는지 전화보고도 없었다. 그동안 아등바등 투쟁한 결과인가 하고 승리감에 빠졌는지 아니면 앞으로 그렇게 하기로 결심했는지 모를 일이었다.

2시가 넘었을 때 나는 문자 메시지를 보냈다.

“엄마 카페 앞에서 기다리고 있어. 실컷 놀고 끝나면 전화해!”

부리나케 뛰어나오는 녀석의 얼굴. 당시 아이들 과외비라도 번다고 직장에 나가던 난 화장까지 마치고 출근 복장을 한 채 운전석 시트를 젖혀놓고 잠을 청하고 있었다.

"왜 더 놀지 않고. 엄만 자고 있을게."

"엄마는 너 집에 데려다 주고 출근할 테니까."

녀석은 왈칵 눈물을 쏟아내고는 나를 붙잡고 엉엉 소리 내어 울고 말았다. 따라 나왔던 친구들도 모두 고개를 돌리고 훌쩍거렸다.

그날 이후 딸 아이 친구들은 항상 '짧고 찐하게' 놀 수 있도록 계획을 세웠다. 덕분에 친구들의 술 습관도 '단기 속도전'이 되었다는 불만도 흘러나왔다.

3학년이 되고부터는 "난 네가 부럽다. 우리 엄만 내가 늦게 가도 아무 관심이 없나 봐." 하고 한탄하는 녀석들도 있었다.

학교를 졸업하고 회사에 다닐 때도 통행금지는 유효 법령이었다. 새로 수입한 기계를 시험 가동하기 위하여 독일에서 온 기술진과 같이 지방으로 출장을 갔는데 일이 늦어져서 부득이 1박을 할 수밖에 없었을 때도 나는 곧바로 달려가 밤 12시가 넘어 집에 왔다가 새벽에 다시 데려다 주었다. 독일인 지사장의 눈이 휘둥그레진 것은 당연한 일.

데이트 하다 30분 늦게 집에 데려다 주었다고 만난 지 며칠밖에 안된 지금의 사위에게 "지휘봉 골라온다. 실시!"를 외치기도 하였다. 공부하느라 어려서부터 부모와 떨어져 산 사위는 태어나고 처음으로 혼난 날이었다고 했다. 시부모님이 딸아이를 보자고 한 것은 그

다음 날이었다.

"요즘 시대에 그걸 지키도록 만들기도 어렵지만 그걸 따라주는 따님도 놀라웠고요…."

시어머니 될 분이 말했다.

"시집올 때는 지휘봉도 하나 넣어 보내 주실 거죠?"

꺼리지 말고 대화하라

"엄마, 여자는 임신하면 성관계는 어떻게 해?"

어느 날 임산부가 등장하는 드라마를 보던 고등학생 딸이 물어왔다. 성에 대해 궁금해하는 사춘기 시절이라 그런지 질문도 꽤 구체적이었다. 나는 딸에게 임신했을 때의 성생활은 무엇을 조심해야 하는지, 태교는 어떻게 하는지 자세히 알려 주었다.

딸아이는 얼굴이 발개지면서도 눈을 반짝이며 주의 깊게 들었다.

나는 아이들이 어릴 때부터 성교육을 시켜왔다. 물론 학교에서 시키는 그런 교과서적인 내용이 아니고 아주 자연스러운 분위기로 대화하며 이런저런 교육을 해 주었다.

초경을 시작한 지 얼마 되지 않은 딸이 "엄마! 나 너무 불편해 미치겠어! 이거 안 할 수는 없는 거야?"라며 물어올 때 "여자는 생리를 안 하면 몸이 아프단다. 그게 넌 이제 진짜 여자라는 증거이고 아주 소중한 거야. 나중에 소중한 생명을 가질 수 있다는 거거든. 이제 넌 진짜 여자가 된 만큼 네 몸을 잘 아끼고 깨끗이 해 주렴." 하며 위로해 주었다.

물론 아들도 예외는 아니었다. "남자는 혀, 손, 아랫도리 이 세 가지를 조심해야 한다. 첫째, 말이라는 것은 한 번 내뱉으면 주워 담을 수 없으므로 항시 조심하고 둘째, 행동거지를 바로 해야 하며 셋째, 어린 나이의 잘못된 성관계로 누군가를 책임질 일을 만들어서는 안 된다.”고 단단히 교육시켰다.

요즘 세상이 세상이다 보니 이런 나의 사고방식이 고루할 수도 있겠지만 이제 곧 사춘기를 맞이할 아이들에게 어디에도 현혹되지 않는 그런 철칙을 세워주고 싶은 마음에 한 말이었다. 우리 딸과 아들은 결혼도 하기 전에 불교 TV 무상사의 ‘태교 법문’에 보내기도 하고 태아 영가 천도식에도 참석했다. 거기서 생명의 소중함과 탄생의 경외, 남녀 관계의 성스러움과 자신의 욕구를 삼가고 절제해야 한다는 것을 배웠다.

아이들이 커가면서 이성 친구를 사귈 적에도 은밀히 만나면 성에 대한 호기심이 발동하기 쉬우므로 오픈 마인드로 집으로 초대하게 하여 편안하고 떳떳하고 자연스럽게 교제를 하도록 해주려고 노력했다.

결혼을 앞둔 딸에게는 “부부관계는 아주 성스러운 과정이란다. 부부 모두 심신을 정갈히 하고 늘 기쁜 마음으로 관계를 맺으렴. 아기를 가질 때는 반드시 철저한 계획에 따르고 평소에도 늘 태교를 하렴.” 하고 말해 주기도 했다.

이제 결혼해서 아이를 낳은 딸이 어느 날 아직 시집 안 간 딸 친구들과의 모임에 나가서 수다를 떨다가 엄마가 한 이야기를 들려주자 “넌 엄마랑 그런 얘기도 하니?” 라며 다들 놀라는 눈치였단다.

출필고 반필면 出必告 反必面

아홉 시가 넘자 휴대폰에 문자 메시지가 오기 시작했다.

"이제 막 식사 끝났어요."

그 후로도 30분 간격으로 문자가 온다.

현재 어디에 있고 누구와 무엇을 하고 있는지를 알려주는 것이다.

"좀 늦었어요. 지하철 탔어요. 사랑해요 ♥!"

서서히 눈꺼풀이 무거워지고 팔다리에 힘이 풀려 갈 때쯤 해서 현관문 키를 누르는 소리가 들려온다. 이제 녀석의 '얼굴을 보아야지.' 정신을 차리고 얼굴을 매만진다.

아이들이 머리가 커지고 바깥 활동이 늘어나면서부터 반드시 나고 들 때 보고하도록 만들었다. 물론 어느 가정치고 그렇게 하지 않는 집은 별로 없을 것이다.

유교에서도 '출필고 반필면出必告 反必面'이 효孝의 시작이라 하지 않던가. 나갈 때는 부모님께 반드시 출처를 알리고 돌아오면 반드시 얼굴을 뵈어 안전함을 보인다. '출필고出必告 반필면反必面'은 "학교 다녀오겠습니다." "학교에 다녀왔습니다."로 시작된 우리 전통예절 이자 미풍양속이다.

『예기禮記』에는 "무릇 사람의 자식 된 자는 밖에 나갈 때는 반드시 부모에게 행선지를 말씀 드리고, 집에 돌아와서는 반드시 부모의 얼굴을 뵙고 돌아왔음을 알려 드려야 한다. 노는 곳은 반드시 일정하여야 하고, 익히는 것은 반드시 과업이 있어야 하며, 항상 자신이 늙었다고 말하지 않도록 주의하여야 한다.夫爲人子者, 出必告, 反必面. 所遊必有常, 所習必有業, 恒言不稱老"라고 적혀 있다.

격몽요결 '사친장事親章'에는 이런 대목이 나온다.

"날이 밝기 전에 일어나서 부모가 주무시는 곳으로 간다. 목소리를 부드럽게 하여 춥고 더운 것과 편안한지 불편한지를 여쭌다. 또 날이 어두우면 이부자리를 깔아 드리고 따뜻한지 서늘한지를 여쭌다. 집을 나가거나 밖에서 돌아와서는 반드시 절한 다음, 인사를 여쭌다."

물론 이런 가르침을 다 실천에 옮기기엔 현대인들에게는 맞지 않는 부분도 있지만, 적어도 '출필고반필면出必告反必面'은 가정에서부터 '소통'을 위한 기본적인 장치였던 것이다. 좋은 음식만이 효가 아니다. 걱정시키지 않는 것이 효의 근본이다.

외출할 때에는 어디 가서 누구와 무엇을 하는지 말씀드리고 나가고 집에 들어오면 안전하게 돌아왔음을 부모님이 물려주신 신체발부를 상하지 않고 돌아왔음을 부모님께 직접 보여 드려야 한다.

내가 자랄 때와는 달리 요즘엔 남녀를 막론하고 대학생은 물론 중고등학생들이 밖에서 시간을 보낼 수 있는 일과 장소가 많다. 그리고 그것들 중에는 아이들에게 좋지 않은 것들이 더 많다. 처음에는 그냥 호기심에 또는 친구들과 어울리는 맛에 시작하지만 중독성이 강해서 시간이 흐르면 나중에는 자칫 빠져나오지 못한다. 또 친구들과 어울리다 보면 다치거나 상처를 입을 수도 있다. 그러므로 아이들이 밖에서 시간을 보내고 왔을 때 직접 얼굴을 보고 몸도 만져보고 무엇을 어떻게 했는지 자세히 듣고 그때그때 단속하는 것이 중요하다. 얼굴색만 보아도 말하는 톤tone만 들어도 엄마는 아이에게 무슨 일이 있었는지 금세 알아챈다.

하지만 "다녀왔습니다." 하고 제 방으로 쏙 들어가면 알 수가 없고 나중에야 가슴을 치는 만시지탄에 빠지기 쉽다. 그래서 옛 성인들이 외출했다 들어오면 부모님께 '반드시 얼굴을 보여드리라'라고 훈계하였는지도 모른다.

산업화 상업화 핵가족화된 현대사회는 부모들과 아이들 모두 과거 농경사회보다 훨씬 바빠졌다. 그러다 보니 서로가 같이 시간을 보내기가 쉽지 않다. 사실 요즘에는 아이들이 더 바쁜 경우가 많다. 학교 끝나면 학원으로 과외로, 도서관으로 독서실로, 대학에 가면 동아리다 엠티다 해서 우리 아이들은 정말 바쁘다. 그래서 '반필면'의 중요성이 더더욱 강조되는 것이 오늘날의 부모와 아이 사이이다.

하지만 '반필면'은 무조건 아이에게만 지키라고 강요할 수 없다. '반필면'이 이루어지려면 부모 또한 '면面'을 받을 시간과 장소에 있어야 한다. 다시 말해서 부모 또한 아이들이 돌아오기 전에 집에 와 있어야 하는 것이다. 그런데 이게 생각보다 쉽지 않다. 바깥일로 바쁜 남편의 귀가 시간은 늘 늦다. 일을 하는 아내는 물론 전업주부라 하더라도 이런저런 모임에 집안에 늦게 귀가하는 경우도 많다.

그래서 '반필면'은 부모 먼저 지켜야 할 의무이다. 아이보다 먼저 돌아와 있지 않으면 반대의 경우가 되기 십상이기 때문이다.

사실 아이들에게 '반필면'을 강조하고 꼭 지키게 하다 보니 늘 트러블이 생겼다. 외출하려는 아이를 잡고 어디를 왜 가는지 누구와 만나서 무얼 하는지 시시콜콜히 따져야 하고 나가 있는 아이에게 언제 들어오는지, 무얼 타고 오는지 일일이 따져 물어야 하니 한참 친구들과 어울리기 바쁜 녀석들에게는 여간 성가신 일이 아니었다.

한참 친구들이 좋아지는 시기에, 다른 아이들은 상대적으로 자유로움을 향유하는 시기에 애초 무리한 요구였는지 모른다.

당연히 여러 번 강한 항의와 독립투쟁에 부딪혔다. 자칫 다른 문제점이 발생할 수도 있다는 위기감도 커졌다.

그래서 문득 내가 먼저 '반필면'을 실천하면 어떨까 싶었다.

어느 주말, 내가 먼저 문자메시지를 보냈다.

"엄마 시내 보리밥집에서 저녁 모임 중이야."

"식사 마치고 차 마시고 있어."

"버스 탔어. 10분 후 집에 도착해."

"아빠도 30분 후 도착하신대."

녀석들은 묵묵부답이었다. 하지만 현관문을 여는 순간 '다다닥' 계단을 뛰어 올라오는 소리가 들리더니 아들 녀석이 헉헉거리며 뛰어 올라왔다. 아예 '밥만 먹고' 집에 와 있었던 딸아이가 현관문을 열고 웃고 있었다.

우리 집은 '반필면' 덕분에 가족 전원이 늘 귀가 시간이 빠르다. 엄마 아빠가 모임도 중간에 자르고 2차도 안가고 일찍 집에 온다는 사실을 알고 있는 녀석들도 당연히 조금씩 절제하고 좋지 않은 놀이에 빠져들지 않으려 노력한다. 집에 와서 보고하기가 성가실 것이기 때문이다.

결국 우리 집 '출필고반필면'은 한 방향 통신이 아니라 양 방향 통신이 되었고 아이들과 엄마 아빠 모두에게 자신의 행동을 통제하는 수단이 되어 그야말로 꿩 먹고 알 먹는 효과를 보고 있는 소통 시스템으로 발전했다.

자신감을 만드는 가정교육

"엄마 거길 어떻게 혼자 가!"

전화 소리 너머로 녀석은 벌써 울상이었다.

이제 겨우 5학년, 영국에서 돌아온 후 왕따를 겨우 면한 아이를 나는 혼자 시외버스에 태웠다. 손에는 우리나라 최동북단 강원도 고성에 있는 남편의 부대 전화번호만 쥐어주었다.

마침 훈련장에 나가 있던 남편은 녀석을 관사에 데리고 가는 대신 부대 내무반에 입소시켰다. 하룻밤 군인 형들과 생활한 녀석은 다음 날 아빠를 만나자 거수경례를 멋지게 붙였다.

"아빠, 안녕하십니까? 충성!"

아침 점호시간에 2km를 군인 형들과 끝까지 달린 녀석은 끝내 먹은 것을 다 토하고 말았지만, 그날 오후의 사격 훈련에서는 특등 사수가 되었다. 지휘관인 아빠 체면 때문이었는지 녀석은 군말 없이 단기 입영을 잘 해내고 명예 전역증을 받았다.

그리고 집에 돌아와서는 걸레를 들고 방도 닦고 유리창이며 화장실 청소를 하기 시작했다.

"내무반에 먼지 하나라도 있으면 안 된대!"

그리고 그다음으로 부여받은 미션이 바로 '나 홀로 울산바위 등반'
이었다. 아빠 몰래 나에게 전화를 건 녀석은 반쯤은 울먹이며 도움
을 청했다. 혹시라도 길을 잃으면 어떻게 하느냐는 것이었다.

"아무 군인이나 붙잡고 아빠 부대 데려다 달라고 해."

그리고는 아직도 주저하는 녀석에게 큰 소리로 말했다.

"준식이는 엄마의~?"

"우주이고 희망!"

녀석은 무사히 울산바위에 다녀왔다.

아빠가 차비로 준 오천 원은 한 푼도 쓰지 않았다.

버스 운전사에게 '울산바위 가느냐?'고 물으니 깜짝 놀라며 차비
도 받지 않더라는 것이었다.

혼자 울산바위를 향해 씩씩거리며 올라가는 녀석에게 관광객들이
과자며 과일을 배낭에 넣어주고 맛있는 도토리묵도 사 주고 심지어
는 용돈도 주더라는 것이었다.

그리고 한마디씩 했단다.

"아이고 우리 아이도 너 같았으면…."

"엄마, 어른들보다 더 빨리 올라갔어요!"

"엄마 아빠 말대로 하면 다 잘되는 것 같아요!"

귀환 보고를 하는 녀석은 이제 천하라도 얻은 듯했다.

사람은 위기에 닥치면 문제를 해결하려는 창의력이 발달한다고

한다. 아빠가 자세히 알려주긴 했지만, 막상 속초 버스정류장에 내리자 어디로 가야 할지 전혀 생각이 나지 않았다. 그러자 녀석은 꾀를 내기 시작했다.

등산복을 입은 사람 중에 마음이 너그러워 보이는 아저씨 그룹을 발견한 것이다.

"아저씨, 울산바위 가세요?"

"아니, 우리는 비선대로 가는데."

이미 다른 그룹들은 다들 자기가 갈 방향으로 떠나고 난 뒤였다. 그러자 녀석은 포기하지 않고 말했다.

"아저씨, 울산바위로 가요. 저, 거기 가야 돼요."

그러자 학교 동창이라는 아저씨들은 설악동 가는 버스에 같이 태워주었고 녀석의 사연을 듣고는 아예 울산바위로 코스를 바꾸기로 하였다.

하지만 녀석은 버스에서 내리자마자 작별인사를 하였다.

"고맙지만 혼자 갈게요. 아빠가 혼자 가라고 했걸랑요."

"그러다 길 잃으면 어쩌려고? 그냥 아저씨들 따라가지 그러니?"
했더니,

"에이, 안내판에 다 쓰여 있던데요, 뭐!"하고 씩 웃었다.

그 며칠 새 녀석은 울산바위만큼 키가 훌쩍 커버리고 단단해진 것 같았다. 지난해 귀국해서 친구들에게 왕따를 당하고 훌쩍이던 녀석이 아니었다.

1박 2일의 입영체험과 울산바위 단독등반 이후 녀석은 웬만한 일에는 겁을 내지 않았다. 아무리 힘들 것 같이 보여도 한번 해보겠다는 의지만 있으면, 그리고 용기만 있으면 못할 것이 없다는 것을 몸으로 깨달은 것 같았다.

그 자신감은 학교에서나 사회에서나 군에 입대해서나 늘 녀석을 당당하게 했고 어떤 일에도 두려워하지 않고 용감하게 달려들게 만들어 주었다. 또 각종 행사나 청소나 봉사 활동 같은 일에 항상 앞장섰고 주말이나 방학 때 놀러 가는 일을 계획하거나 준비하는 일을 도맡아 했다. 여름에 바닷가로 산으로 겨울에 스키장으로 놀러 가거나 캠프나 산사체험 같은 것도 혼자 준비하고 이루어 나갔다. 고등학교 1학년 때에는 친구들과 병원에서 시체를 닦아 여행을 다녀오기도 했고 경양식 집에서 아르바이트를 하기도 했다.

실제로 녀석은 그다음 해부터 반장이며 회장을 놓치지 않았고 늘 새로운 활동을 계획하고 친구들과 어울려 무언가를 꾸미기를 좋아하였다. 고등학교 때에는 '안양 지역 고등학교 연합발표회'를 만들어 스스로 사회를 보기도 하였다. 그리고 대학에 가서는 당연히 아르바이트를 해서 용돈을 벌어 쓰거나 학원비를 마련했고 고시 공부 중에도 과외를 해서 엄마 아빠 생일 선물을 사 주기도 했다.

나는 틈만 나면 아이가 스스로 자신의 일을 결정하고 계획하여 추진하는 기회를 많이 만들어 주려 노력했다. 녀석은 지리산 종주는 물론 한라산을 혼자서 다녀왔고 제48회 변리사 소집 연수 때에는 스스로 산악반장이 되어 한라산 등반대를 조직해서 수십 명을 이끌고 다녀오기도 했다.

　무엇보다도 중요한 것은 녀석이 아빠가 얼마나 중요한 일을 하는 사람인지 존경을 받는 사람인지를 알게 되었고 엄마 아빠의 말에 신뢰를 보내기 시작했다는 것이다. 나아가서는 부모님께서 자신에게 요구하는 것이 무엇인가를 알고 또 부모님 말씀은 의심할 필요가 없다는 것을 심어준 것이다.

아버지의 기를 살려라

"여보 그딴 거 시키면 어떡해요! 공부하는 애에게."

신경질이 가득 담긴 날카로운 목소리, 그리고 무안해하면서 물컵을 찾아 뒤꿈치를 들고 살금살금 방으로 들어가는 남편.

모처럼 찾아간 친척 집에서 나는 무안해졌다. 소위 강남8학군에 사는 친척 언니는 능력 있는 집안에, 아이들도 공부도 잘하고 여러 예능 분야에서 뛰어난 재능을 가지고 있어서 늘 부러움의 대상이었다.

서울에 나온 김에 들른 언니에게서 아이 키우는 노하우를 전수받고 있던 중이었다. 공부며 예능을 어떻게 얼마나 돈을 들여서 시켰는가에 대한 자랑을 들어 주고 있었다.

그때였다. 서재에 있던 아빠가 물 좀 가져오라는 말에 그 우등생이라는 아이는 큰 소리로 "나 공부하고 있잖아!" 하고 신경질을 냈고, 이어서 언니의 날카로운 질책이 떨어진 것이다.

문득 어린시절의 기억이 떠올랐다.

"학교 다녀왔습니다!" 현관문을 열고 뛰어 들어온 나를 보고 엄마는 손을 입술에 댄다.

"쉿! 아빠 계셔." 나는 얼른 교복 매무새를 매만지고 안방 문을 열고 신문을 보시는 아버지께 공손하게 인사를 올린다.

“오 우리 딸 왔구나. 공부 잘하고 있지?” 아버지는 자애로운 표정으로 나를 쳐다보셨고 나는 얼른 방에서 나왔다.

어려서 아버지는 늘 우리 남매들에게 잘해 주셨지만, 항상 무섭고 존경해야 할 대상이었다.

집안에 무슨 일이 생기면 아버지가 다 해결했고 모든 것을 아버지가 결정했다.

“너~어, 아버지께 말씀드린다.” 아니면 “아빠 아시면 어쩌려고 그래.”

엄마의 유일한 무기이자 배경은 아버지였다.

육성회비는 물론이요 참고서 값 같은 돈도 아버지께서 직접 주셨다. 그리고 아버지는 늘 점잖게 그리고 명쾌하게 칭찬도 해주시고 혼내기도 하셨다.

아버지가 집에 계시는 날이면 온 식구가 조심조심했다. 그래서 아버지는 한편으로는 불편한 대상이기도 했다. 하지만 늘 아버지는 우리 머릿속에, 가슴속에 자리하고 계셨다.

‘이런 짓 하면 아버지가 화낼 텐데, 아버지께 이 성적표를 어떻게 보여 드린담?’

‘이 남자를 아버지는 좋아하실까? 어째 이 남자는 우리 아빠와 이렇게 다르지?’

결국 나는 웃는 모습이 아빠와 닮은 남자와 결혼했다.

아버지는 우리에게 돈을 벌어다 주시는 고마운 분이기도 했지만 우리를 무언중에 감시하는 무서운 분이기도 하였고 우리의 롤 모델이기도 하였다.

거실 소파의 아버지 지정석은 아무도 앉지 않는 것이 불문율이었다. 놀고 뒹굴며 공부하다가도 아버지 오실 시간이면 방을 정리하고 매무새를 단정히 하고 기다렸다. 출근하실 때에는 대문 밖까지 모두 나와 인사를 드렸다. 맛있는 반찬이며 요리는 아버지가 먼저 드셔야 했고 아버지가 수저를 들기 전에는 먼저 식사한다는 것은 엄두도 내지 못했다.

아버지의 말 한마디가 곧 법이었고 말대꾸하거나 대드는 것은 상상도 할 수 없었다. 그래서 때로는 너무 가부장적이고 아버지 중심적인 우리 집이 싫을 때도 있었다. 아버지가 무섭고 불편하고 너무 권위적이어서 다정다감한 아버지를 꿈꾸기도 하였다.

하지만 아버지의 존재는 내 삶이 두려울 때 어딘가 기댈 수 있고 선택을 강요하는 삶의 고비 때마다 기준을 제시해 주고 망망한 삶의 바다에서 나아갈 방향을 비춰주는 등대 같은 존재가 아니었나 싶다. 그래서 늘 나는 아버지라는 존재에게 물어보고 보여주는 삶을 살아왔다. 덕분에 나는 좀 더 진지하게 그리고 흔들리지 않는 삶을 살 수 있지 않았나 싶다.

특히 아이들을 키울 때 늘 아버지는 나에게 하나의 규범이었고 삶의 기둥이었다. 그런데 아버지에게 절대 존경을 바치게 한 것은 가만히 생각해 보니 엄마였다. 집안의 모든 일을 아버지에게 물어보고 결정하였고 아버지가 하시는 말씀에는 무조건 찬성하고 혹시 우리가 무슨 불평이라도 하면 아버지 입장에서 변호하여 주었다.

지금 생각해 보면 다른 아버지보다 그렇게 훌륭한 분도 아니었지만, 어머니 덕분에 나는 '우리 아빠'라는 삶의 이정표를 늘 가까이 가질 수 있었던 것이다.

문득 나는 우리 집을 돌아보았다. 부대 일로 늘 바쁜 남편은 사실 아이들에게 관심을 쏟지 못했고 나는 그것이 불만이었다. 자연히 아이들 교육은 나의 몫이었고 남편은 그저 피상적인 관심만 보여 줄 뿐이었다. 아이들과 나만 외출하거니 외식하는 기회가 점점 많아졌고 아이들에게 필요한 경비도 내가 다 줄 수 있었고 아이들과 나만의 사이에만 커뮤니케이션이 이루어지고 있었다. 아이들의 성적이며 계획 같은 것도 나를 통해 남편에게 전달되기 일쑤였고 남편도 그저 일상적으로 지나가는 관심표명에 그치고 있었다.

거기다가 나 또한 남편에게 대한 불만을 아이들에게 털어놓기도 하고, 아이들 보는 앞에서 말다툼도 하고 있는 것이 아닌가. 아이들도 아빠를 자기들의 중요한 규범을 주거나 의사 결정권자로서 의식하지 않고 있음은 물론 모든 일에 아빠가 우선되는 경우가 점점 적어지고 있었다. 웬만한 일은 바빠진 남편에게 말하지 않고 스스로 처리하는 일이 많아졌고 남편 스스로도 조금씩 집안일을 나에게 미루는 듯 보였다. 아버지로서, 집안의 가장이자 기둥으로서의 권위는 점점 얇아지고 있었다.

마침 아이들 수학여행비를 주어야 하는 날 나는 남편에게 전화를 걸었다.

"여보 올 때 슈크림 케이크 좀 사와요." 그리고는 아이들 수학여행비와 용돈을 봉투에 넣었다.

엄마에게서 받을 때와는 달리 아이들 얼굴이 굳어졌다. 쭈뼛거리며 봉투를 받아든 녀석들은 고개를 깊이 숙이며 "감사합니다. 아빠!"를 연발하고는 슬며시 방으로 들어가 책을 펼쳤다.

그 후로 아이들 참고서 값, 보충수업비, 학원비, 과외비는 물론 용돈까지도 아빠가 주었다. 아이들도 컴퓨터 액세서리 살 돈이나 놀러 갈 경비가 필요할 때에는 열심히 아빠에게 설명하여 돈을 타내게 되었고 자연히 아이들과 대화도 쉬워지고 가까워졌다. 남편도 아이들에게 무언가 더 잘해주려고 노력하는 모습이 완연했다.

아버지의 권위가 돌아오자 집안에 햇살이 드리우는 것 같았다. 남편의 얼굴에도 힘이 생기고 웃음이 더 멋있어졌다.

새벽같이 깨워서 산으로 운동장으로 끌고 가도, 수영장에 장난감을 던져 놓고 밀어 넣어도, 한겨울 차가운 얼음판에서 스케이트 훈련으로 온몸이 얼어붙어도, 가끔 종아리를 때려도 아이들은 아무렇지도 않게 따라갔다. 남편은 아이들에게 인라인스케이트며 자전거를 먼저 사주고 테니스나 골프도 직접 가르쳤다.

소파에 길게 누워서, 다리를 꼬고 앉아 TV를 보거나 배를 깔고 만화책을 보거나 밥그릇을 들고 왔다 갔다 하던 버릇도 어느새 사라졌다.

힙합바지 착용금지령, 염색금지령이 내려져도 불만이 없었다. 게임에 빠졌다가도 아빠 올 시간이면 스스로 정리했다. 주말에는 아빠의 시간계획을 먼저 묻고 자기들 약속을 정했다.

집안에 절제와 질서가 잡히는 것이 보였다. 아빠가 집에 없어도 자기 할 일을 잘 했고 나의 말도 한결 쉽게 먹혀들었다. 그리고 나는 한편에서 안도의 한숨과 아울러 가벼워진 어깨를 어루만질 수 있었다.

무서운 어른의 추억

얼마 전, 집안 행사가 있어 온 가족이 모여 식사할 기회가 있었다. 식사 중에 일부러 아이들이 있는 곳을 가봤다. 저희들끼리 한자리에 모여 푸릇푸릇한 향기를 뿜으며 웃고 떠드는 모습이 보기만 해도 좋았다.

녀석들과 어울리다 보니 나도 더 젊어지는 느낌이었다. 그런데 문득 앞에 앉은 녀석을 보니 젓가락질이 서투른 것이 아닌가! 일류대학을 나와 좋은 회사에 근무한다는 조카였다.

'아니 나이가 몇인데 여태 젓가락질도 못해!' 하며 옆을 돌아보니 다른 녀석들도 다 마찬가지였다. '우리 아이는?' 하고 돌아보니 녀석 또한 주먹 쥐듯이 젓가락을 움켜쥐고 어색하게 입에 음식을 집어넣는 것이 아닌가!

옛날, 사랑채 할아버지의 서당에는 초등학교에 입학하기 전의 어린아이들과 학교에 다니지 못한 머슴이나 농사일 하는 청년들이 '제 이름 석 자는 써야 한다'며 공부하고 있었다.

할아버지가 "김 서방, 자네 둘째가 이제 다섯이 넘었지? 우리 서당에 보내게나." 하면 2~3일 지나, 쭈뼛쭈뼛 바깥마당에 들어선 아이는 옷매무새를 가지런히 하고 서당 훈장이신 할아버지께 큰절을 넙죽 올리고는 '아무개의 몇째 아들 아무개'라고 성명을 밝힌다. 이 때쯤이면 아이는 더 이상 마당에서 들판에서 뛰어놀던 천둥벌거숭이가 아니다. 제법 의젓하게 허리를 펴고 무릎을 꿇고 앉아 눈을 초롱초롱하게 뜨기 마련이다. 대개 할아버지의 사랑방에는 동네 어르신들이 모여 그 이상한 입학식(?)을 지켜보고 있기 마련이라 엄숙한 분위기를 이기지 못하고 그만 '으앙!' 울어버리거나 오줌을 싸는 녀석도 있었다. 그러면 그 아이는 그때부터 '울보'니 '오줌싸개'니 하는 별명도 함께 갖게 된다.

할아버지는 놋쇠젓가락 한 벌과 붓 한 자루, 그리고 새로 필사해서 먹 냄새가 물씬 풍기는 천자문 한 권을 꺼내준다. 아이는 놋쇠젓가락과 붓을 깨끗한 광목에 싸 들고는 할아버지께 큰절을 올리고 집으로 돌아간다. 그리고는 밤새 젓가락질을 하는 연습을 하고 다음 날 서당에 와서 할아버지가 곰방대로 담배 한 대를 다 피우는 동안 그 놋쇠젓가락으로 접시에 담겨 있는 메주콩을 다른 그릇으로 옮겨야 한다. 동글동글한 놋쇠젓가락은 웬만한 집에서는 제사 때 말고는 잘 쓰지 않는 귀한 물건이라 밤새 연습은 했겠지만 어르신들이 둘러앉은 가운데 하는 건 쉽지 않다.

합격한 녀석은 훈장 어르신인 할아버지와 겸상을 해야 한다. 무릎 꿇고 앉아서 식사예절부터 배운다. 후루룩거리지 마라. 깨작이지 마라. 한꺼번에 많이 푸지 마라. 쩝쩝 소리 내지 마라. 입 안에 든 음식이 보이지 않게 하라. 흘리지 마라. 어른이 수저를 들기 전에는 먼저

들지 마라 등등 식사예절을 일러준다.

그리고 매일 오전 오후 강을 할 때마다 아침에 언제 일어났는지, 언제 씻었는지, 부모께 어떻게 했는지 묻고 혼내고 가르치신다.

이렇게 할아버지는 농사일에 바쁜 부모들을 대신해서, 엄격하지만 자상하게 글을 깨우쳐주었고 사람이 살아가는 도리를 가르쳤던 것이다. 우리 동네뿐만 아니라 재 넘어 이웃 동네, 산 너머 먼 동네에서도 와서 공부하곤 했으니 할아버지는 인근 향리의 존경받는 교육자요 어른이었다.

그 가늘고 동글동글한 놋쇠젓가락이 두껍고 각진 스테인리스 젓가락으로 바뀌기 시작할 무렵, 젊은 부모들은 아이를 더 이상 보내지 않았고 떠꺼머리총각들도 다들 서울로 돈 벌러 떠났다.

요즘에는 나이가 들어서도 젓가락질을 제대로 할 줄 모르는 사람을 자주 만난다. 엄지와 검지, 중지를 잘 이용해서 지렛대를 만들면 콩자반은 물론이요, 미끌미끌한 도토리묵도 우아하게 입에 넣을 수 있으련만, 나이가 서른을 훌쩍 넘어선 녀석들이 주먹으로 젓가락을 말아 쥐고는 쩔쩔매는 꼴이란.

젓가락을 쓰면 손의 근육도 발달하고 머리도 좋아진다고도 하고, 우리나라 사람들이 미세한 정밀기술이나 외과수술이나 공예기술에 능한 것에도 한몫했다 하지 않는가! 그리고 한때 유명했던 난자 추출기술도 우리의 젓가락질 기술의 섬세함에서 발전되지 않았는가!

하지만 무엇보다도 그 젓가락을 제대로 쓰는 과정에서 어른공경 예절이며 식사예절 또한 배우는 것 또한 얼마나 중요한가?

요즘엔 부모들은 "요즘엔 다 그래요! 그냥 포크 쓰면 되잖아요." 한다. 제 자식 귀한 줄만 알지, 그 귀한 것을 더 잘 가르치고 다듬어야 더 귀한 줄은 모르고 그저 감싸고 하자는 대로 해야 좋은 줄 안다.

부모가 못하면 대신 사람도리를 가르치는 엄격하고 무서운 어른이라도 있었으면 좋으련만.

의존하는 버릇을 고쳐라

"엄마 나 재수하면 안 돼요?"

2002년, 수능 결과를 받아든 아이는 절망에 빠졌다. 본인이 생각했던 예상치보다 무려 30점 이상 낮은 점수를 받은 것이다. 전교 1, 2 등을 다투던 터라 본인은 물론 선생님들의 실망도 컸고 기대가 컸던 아빠와 나는 말할 것도 없었다.

무엇보다도 본인의 낙담하는 모습은 차마 볼 수도 없었다. 녀석은 왜 그런 실수를 했는지 곰곰이 생각하기 전에 좌절부터 하는 모습이었다. 그 점수로는 본인이 가고 싶어 했던 대학에는 근처에도 못 갈 것은 불을 보듯 뻔했다.

재수한다면 충분히 서울대에 갈 수 있는 실력이었다. 나도 선생님도 녀석의 제의에 찬성하면서 녀석을 위로했고, 남편도 암묵적으로 동의하는 듯했다.

겨우 끝냈나 했는데 또 수험생 엄마를 해야 하나 했지만, 그 정도는 아무것도 아니리라.

'네가 서울대에 간다면 뭐든 못하겠니? 엄만 걱정 마!'

때마침 갑작스럽게 아프가니스탄 파병 명령을 받은 남편 때문에 집안이 온통 어수선했던 때여서 나는 아무 정신이 없었다. 우리나라 군인이 해외에 나가는 것은 본인이 희망하고 선발 과정을 거쳐서 이루어지는데 남편의 파병은 강제적인 명령이었다.

한창 전쟁이 진행 중이었고 우리 군대를 파견하기 위해 미리 가서 준비해야 하는 임무를 맡아야 해서 이에 맞는 능력을 갖춘 사람을 찾지 못한 군 수뇌부는 남편에게 부탁하였다. 새로 만든 교리를 전국의 부대에 다니면서 교육하고 있던 남편도 적이 당황하는 듯했다. 마지막 진급기회마저도 놓치고 이제는 군 생활을 정리할 생각이었던 터라 구태여 어렵고 위험한 임무를 수행할 이유가 없었던 때였다.

나도 무척 서운하고 한편 억울한 마음이 들었지만 한창 감수성이 예민한 여대생인 딸아이는 원망 섞인 불만을 털어놓으면서 울먹였다.

"왜 하필 아빠야? 보상도 안 해 줄 거면서 위험한 일은 왜 시켜!"

하지만 남편은 금세 군인 본연의 자세로 돌아섰다.

"아빤 군인이잖니? 조국이 필요하다면 어디든지 가야지!"

그리고는 혼자 파병 짐을 꾸렸다.

문득 초등학교 때 월남으로 떠나던 파월장병 아저씨들을 환송하던 때가 생각이 났다. 아무것도 모르던 나는 손에 쥐어주는 태극기를 흔들며 씩씩하게 행군하는 그들을 보내고 친구들과 깔깔거리며 지루한 수업을 빼먹은 것을 좋아했었다.

그리고 그 용감하고 씩씩했던 얼굴의 군인 아저씨들에게 "이역만리 타국에서 고생하시는 아저씨께….″로 시작되는 위문편지를 썼다.

그런데 어느 날 옆집에서 울음소리가 터지고 아주머니가 땅바닥에 뒹굴었다. 그때 나는 알았다. 전쟁터란, 그리고 해외파병이란 그렇게 씩씩하던 아저씨가, 그리고 잘생긴 옆집 아주머니의 아들이 죽는 곳이라는 것을. 그리고 이제 내가 전쟁터에 남편을 보내는 아내가 되었다는 사실이 믿어지지가 않았다.

출국까지 불과 2주. 이것저것 준비하는 남편은 아무렇지도 않은 듯했지만 가끔 무언가를 생각하며 굳어진 얼굴을 보였다. 웬만한 일에는 좀처럼 긴장하지 않던 남편이었던지라 옆에서 지켜보기가 안타까웠다. 그러다 보니 수능시험 잘못 쳤다고 실망해 있는 아들 녀석을 위로하는 것이 오히려 사치로 여겨졌다.

전쟁이 아직 끝나지 않은 나라. 모래바람이 극성이라는 나라. 신마저 포기했다는 나라. 변변한 막사도 없어 천막을 치고 생활하며 전투를 해야 한다는 나라.

바로 그 나라 아프가니스탄으로 남편을 보내야 했다.

"여보 도와줄 일 없어요?"

겨우 속옷 몇 가지를 챙겨주면서 묻는 나에게 남편은 웃으면서 말했다.

"여보 이건 내 일이야. 당신이 도울 일은 없어요."

사실이 그랬지만 너무 속상했다. "그래도 난 당신 아내잖아요."

그러자 남편이 말했다.

"그래 맞아. 군인의 아내."

군인의 아내! 남편이 부대를 지휘하는 동안 집안일은 늘 내 몫이었다. 집안의 대소사며 명절에 나는 혼자 시댁으로 가야 했다. 아이들 입학식, 졸업식, 학예회 때 나는 혼자 참석해야 했다. 아무리 눈이 아프게 찾아봐도 아이들과 나 셋만 찍은 사진뿐이다. 남편의 모습은 어디에도 없다. 언젠가 친구가 물었을 때, "응 사진 찍고 있잖아." 하고 대답해야 했다. 이제 나는 배낭을 싸는 남편을 지켜보며 남은 식구를 챙겨야 하는 군인 아내로 남아야 했다.

우리 부대의 파견을 준비하기 위해서 개인적으로 파병되는 남편은 환송식도 없이 배웅하는 사람 하나 없이 혼자 배낭 하나만 메고 화물 전세기를 타고 떠났다. 남편은 목에 두른 머플러를 어깨 뒤로 넘기면서 활짝 웃고는 손을 흔들었다.

남편도 아들 녀석 입시 때문에 신경을 무척 쓰는 듯했지만, 워낙 본인 임무가 무겁고 촉박할 뿐 아니라 도와줄 수 있는 일이 아니라고 생각했는지 아무 말도 하지 않았고, 나도 어떻게든 그 화제는 피하려고 했다.

러시아제 고물 전세비행기 탑승 절차를 마치고 둘러본 청주공항은 중앙아시아의 작은 나라를 오고 가는 보따리장수들이 주 고객인지라 시골 시외버스 터미널처럼 썰렁했다.
말없이 아이들과 손을 잡고 어슬렁거리던 남편은 갑자기 대기실

탁자 밑에서 장기판을 꺼내더니 두 아이를 상대로 장기를 두기 시작했다. 어려서부터 돈까지 걸고 두는 내기 장기를 즐겨왔던지라 세 사람은 금세 삼매경에 빠졌다. 잠시 후면 전쟁터로 떠날 사람이라곤 믿어지지 않는 여유였다. 무언가 주고받아야 할 이야기도 많을 것이고 붙잡고 눈물이라도 펑펑 쏟아도 시원찮을 그 시간에 세 사람은 그냥 놀이만 즐기고 있을 뿐인데 나는 점점 가슴 한쪽이 아스라해지고 있었다.

한참을 이기고 지고 승패를 거듭하더니 남편이 웃으면서 얼굴을 들었다.

"준식아 한 수 물러줄까?"

외통수에 몰려 심각하던 아들의 얼굴이 금세 환해졌다.

한 수를 물려준 남편이 장기 알을 내려놓았다.

"살다 보면 항상 예상치 못했던 문제가 발생한단다. 그때마다 모두 원점으로 돌려서 새로 시작할 수는 없단다. 장기판처럼 한 수 물러 주는 세상은 없거든. 문제를 피하거나 뒷걸음쳐 무르면 안 돼. 그 문제와 정면으로 맞서면 그 속에 답이 있단다."

그리고는 아들의 어깨에 손을 얹고 말했다.

"이제부턴 네가 가장이다. 네 문제는 스스로 해결해라. 아빠도 아프간서 잘 싸우고 오마!"

남편을 보내고 돌아오는 길에 녀석이 조심스럽게 물었다.

“엄마, 어느 재수 학원으로 갈까?”

나도 모르게 말했다.

“그건 네 문제잖아!”

녀석은 자신이 얻은 수능점수에 맞게 인하대 전자공학과에 입학했고 다시 연세대로 편입했다. 인하대에서도 연세대에서도 녀석은 4년 내내 올 A를 기록 최우등생이 되었고 군대에 다녀와서는 카이스트 석사과정에 국비 장학생으로 입학했다. 군 복무 중에 변리사 고시를 준비하더니 2번의 도전 끝에 합격했다.

녀석은 자신의 인생에서 중요한 결정을 내릴 때에도 흔들리거나 망설이지 않고 마치 미리 정해지기라도 선뜻선뜻 방향을 잡아갔다.

남편도 아프간 동맹군 협조단장으로 활약 중 바로 유엔으로부터 초청을 받았다. 아프간 지역에서의 군사작전과 유엔의 활동을 조율 통제하는 군사고문단장으로 보내달라고 국방부 장관 앞으로 초청 서한을 보낸 것이다. 한국인에게 유엔에서 이름을 찍어 초청한 것은 처음이라 했다. 그리고 장군급으로 임명되는 군사고문단장 자리를 맡아 아프간 재건 임무와 군벌 군대의 무장해제 등 어려운 임무를 목숨을 걸고 잘 수행해서 세계 언론의 주목을 받더니 결국 KBS1TV 의 ‘한민족 리포트(2004년 1월 26일 방영)’에 방송되고 그곳 경험을 『살 람 알레이쿰 아프간』이란 책으로 써서 ‘2008년 청소년 우수교양도 서’로 선정되기도 하였다.

남편은 자신의 군 생활 마지막 임무로서 한국군인의 명예를 국내

외에 떨치고 국내의 반군 성향의 분위기를 바꿔놓고는 유명인사가 되었고 귀국하자마자 영광스럽게 전역했다. 이미 진급기회를 놓쳐버린 남편은 특별 기회를 주겠다는 제안을 거절하고 미련 없이 새로운 생활을 개척해 나갔다. 물론 누구와도 상의하지 않고.

두 사람은 각자 자기 문제를 잘 해결해 나간 것이다.

온 가족이 같이 뛰어야 한다

"우리 번지 점프하러 갈까?"

가뜩이나 전방의 시골에서 지루한 방학을 보내던 아이들이 환호했다. 그리고 아빠가 데리고 간 곳은 산속 깊은 계곡에 있는 유격훈련장이었다. 요즘 군대훈련에는 번지점프 같은 것도 있구나 싶었다. 하긴 담력 훈련에 그만한 것도 드물긴 할 테니까.

아직도 뜨거운 여름 태양 아래서 아빠가 시키는 대로 병사들과 같이 출렁다리를 타기도 하고 그네를 타고 진창을 건너다 떨어져 온몸이 흙투성이가 되기도 하였다. 로프를 타고 바위를 내려오는 레펠 훈련은 마치 내가 전문 산악인이 된 것 같은 기분을 들게 했다. 이 맛에 그 위험한 바위를 목숨을 걸고 타는가 보다.

"번지점프는 언제 해요?"

훈련이 다 끝나고 병사들도 막사로 돌아가자 아이들이 재촉했다. 그걸 하려고 군말 없이 가끔 TV에서나 본 그 힘든 병영체험을 마다치 않은 아이들과 나였다.

남편은 씩 웃더니 운동장 한편에 높이 서 있는 타워로 데리고 갔다.

어깨와 허벅지를 연결한 하네스라는 낙하산을 부착하는 베스트를 입히더니 가슴 앞에 매달린 보조 낙하산을 감싸 안는 연습을 몇 번 시키고 4층 높이의 타워 꼭대기에 올라갔다. 인간이 가장 공포를 느끼는 11m라고 했다. 아래를 내려다보지 말라는 말을 듣고도 슬쩍 내려다보니 머리가 어질어질하고 다리에서 힘이 쑥 빠져나가고 온몸에 힘이 탁 풀린다.

아빠가 먼저 낙하산 고리에 도르래가 달린 로프를 걸고 문 앞에 서더니 우리를 돌아봤다. "여기서 고개를 숙이고 탁 차고 나가면 돼. 알았지!" 하고는 뭐라고 물어볼 사이도 없이 "아빠 먼저 간다." 하고는 훌쩍 밖으로 몸을 날렸다.

두루루룩 도르래에 매달려 가면서 "선희야 준식아 사랑한다아~." 소리치며 손을 흔든다. 그러자 녀석들도 같이 손을 흔들며 좋아한다.

"아빠 사랑해요."

"와 재밌겠다."

잠시 후 다시 계단을 올라온 아빠가 숨을 몰아쉬며 "자, 아들 먼저."하고는 아들 녀석을 문 앞에 세웠다. 제 딴에는 용감한 척 씩씩하게 "그냥 수영장에서 다이빙하는 것처럼 하면 되겠네. 뭐." 하고는 양손으로 문을 잡고 아래를 슬쩍 보는 순간 그만 얼굴이 하얗게 질려서 제자리에 주저앉았다.

그럴 줄 알았다는 듯 껄껄 웃고는 아빠가 아이를 일으켜 세웠다.

"저 멀리 구름 보이지? 그 구름 위에 엄마가 앉아 있다고 생각하고 거기로 뛰어오르는 거야! 알았지?"

하지만 억지로 다시 일어선 녀석은 그만 눈물이 그렁그렁하더니 나한테로 달려와 버렸다.

그러자 중학생 딸애가 나섰다.

"야 인마 뭐가 무섭냐? 사내 녀석이." 하고는 문 앞에 섰다. 눈을 꼭 감고 입술을 앙다물고 억지로 무서움을 참고 있는 모습이 대견스러웠다.

"엄마 아빠 사랑해.""내 동생 파이팅!"

아빠가 시키는 대로 소리소리 질렀다. 처음에는 떨리더니 점차 고래고래 터져 나왔다. 그리고는 아빠의 "뛰엇!" 소리에 "엄마아~!"소리를 지르며 뛰어나갔다.

처음 뛰는 것이 무서울 뿐 공중에 몸을 날려 날아가는 데 재미를 느낀 녀석들은 두 번 세 번 올라와 친구 이름도 부르고 노래도 하며 스릴 만점의 군대판 "번지점프"를 맘껏 즐겼다.

마지막에는 나까지 포함하여 온 식구가 한 줄로 서서 "아자! 아자! 우리 식구 파이팅!" 소리와 함께 한꺼번에 뛰어나가 공중을 날며 서로의 이름을 불렀다. 그리고 서로 땀방울을 닦아주며 진한 가족애를 확인했다.

"세상의 어떤 일도 자신있게 부딪히면 이길 수 있단다. 우리 네 식구가 항상 같이한다고 생각하고 용감하게 뛰어나가는 거야. 그러면 세상은 다 네 거야."

"네엣!"

녀석들의 힘찬 대답소리가 웃음 속에 길게 묻혀 갔다. 그리고 우리는 또 한 번 자신있게 세상 속으로 온 식구가 다 같이 뛰어들 전의를 다졌다.

아버지가 아이들에게 보여줘야 하는 것

"와! 아빠 멋있다!"

하늘색 베레모에 태극마크를 번쩍이는 아빠의 모습을 처음으로 목격하는 아이들과 나는 숨도 제대로 못 쉬며 TV 화면에 시선을 고정했다.

한국 민족의 우수성을 세계에 알리는 '한민족 리포트'의 타이틀 음악이 울리고 '무기여 안녕-아프가니스탄 채수문 중령 편'이라는 자막과 함께 남편의 얼굴이 화면 가득 줌업 되자 울컥하고 그리움이 올라왔다.

갑작스럽게 아프가니스탄 파병 명령을 받고 떠난 지 4개월 쯤 되어서 "유엔에서 와달라고 해서…." 하고는 마치 이웃 마을 가듯 훠이 훠이 다녀간 지도 벌써 여러 달이 지난 터였다.

아무리 군인이지만 40대 후반의 가장이, 그것도 아이들 교육이며 집안경영에 가장 중요한 시기에 명령지 한 장에 배낭 하나만 짊어지고 떠나버렸다.

요란한 환송식도 없이 유효기간이 훨씬 지난 낡은 러시아제 툴루노프 154 화물 전세기에 몸을 싣고 그 험하다는 아프가니스탄, 그것도 아직 싸움이 한창인 전쟁터로 훌쩍 떠났던 남편.

나라를 위해서 목숨을 바쳐야 하는 군인이라는 생각이 늘 머리를 떠나진 않았지만, 막상 남편이자 아빠가 생사가 늘 갈리는 전쟁터로 떠난다는 현실이 그렇게 낯설 수가 없었다. 남아있는 자들의 마음이 이러하니 애써 웃음을 짓긴 했지만 본인의 마음이야 오죽했으랴!

가끔씩 위성전화나 이메일로 안부를 전해오다가 어쩌다 연락이 없는 기간이 길어지기라도 하면 '혹시나' 하면서도 행여나 경망한 생각이라도 들까 애써 고개를 흔들어 떨어버린 것이 한두 번이랴. 아프가니스탄의 '아' 자만 나와도 온 신경이 곤두섰었고 일도 손에 잘 잡히지 않았다.

아프가니스탄 동맹군 사령부 한국군 협조단장으로 부임했던 남편의 활약을 눈여겨본 유엔에서 우리 정부에 남편의 유엔 파견을 요청해 왔다. 한국인으로서는 최초로 이름을 지명하여 초청받았는지라 또다시 남편의 의사와는 무관하게 우리 국방부는 덜컥 동의를 했다.

"거길 또 간다고요? 한 번이면 됐지! 도대체 무엇하러….'"

나도 아이들도 도저히 이해가 가지 않았다. 한편으로는 남편에게 우리 가족보다 더 중요한 것이 있다는 사실이 새삼 서운했다.

한 시간 내내 남편이 특히 그 무지막지하다는 군벌들과 아옹다옹 설전을 벌이면서 그들의 무기를 반납시키고 사설 군대를 해산시키는 모습과 이곳저곳 재건현장을 누비며 동분서주하는 모습을 보여주었지만 우리는 그저 아빠의 얼굴에만 시선을 고정하고 조마조마

한 가슴을 누르고 있을 뿐 무슨 내용이 방영되는지조차 모를 지경이었다.

"저러다 저 사람이 화가 나서 해코지하면 어쩌려고."

"저 사람 총 감추고 있어요. 아빠! 조심해요."

마치 아빠가 듣기라도 하는 것처럼 아이들은 소파에 붙이고 있던 엉덩이를 들었다 놓았다 하면서 소리쳤다.

신도 버린 땅이라는 그곳에서 누구 좋으라고 저리 목숨을 건단 말인가? 적당히 때우고 오지. 그 불모의 땅에서 어떻게 먹고 자는지 궁금했었는데 약간 야위어 보이는 모습과 "아내가 보내준 김치 사진"이라며 너스레를 떠는 장면에서는 그 흔한 미숫가루 한 봉지 밑반찬 한 통 싸 보내지 못한 미안함에 그만 눈물을 훌쩍이고 말았다. 한 시간이 후딱 지나고 다른 화면이 나와도 우리 세 식구는 화면만 마냥 응시하고 있었다.

'기왕 TV에 나온 김에 가족들에게 한마디 좀 하지' 서운함이 밀려왔다. 군부대가 나오는 프로라면 으레 그 '영상 편지' 같은 선심도 잘만 쓰더니만.

그날 남편의 프로에 나온 한국군 부대의 병사들 가족들은 "우리 아들 나왔다." "뒤에 모자 쓴 병사가 우리 오빠다." 해가며 흥분에 찬 댓글을 많이도 붙였다. 그들도 우리처럼 그 프로를 여러 번 돌려 봤을 것이다. 가족이란 그런 것인가 보다.

방송 내내 나는 대한민국의 군복을 입고 너무도 당당하게 현지 군벌들을 나무라고 불쌍한 현지인들에게 어느 인권운동가도 따라가지 못할 따뜻한 가슴을 보여주고 국내외 정세에 대해 날카로운 촌철살인의 비평을 던지는 모습. 30여 년 전 기개에 찼던 사관생도 모습에서 하나도 변하지 않은 그를 보며 불과 몇 개월 전 진급의 기회에서 탈락한 사람이라곤, 그리고 6개월 후에 군을 떠날 사람이라곤 전혀 상상할 수가 없었다.

군복을 벗는 마지막 날까지 그는 자신의 임무에 목숨을 거는 진정한 군인이었다.

나는 지금도 그 마지막 화면을 잊지 못한다. 본인이 직접 반전 반군 주의자 PD에게 써 주었다는 클로징 멘트가 자막으로 흐르는 가운데 깊은 사색에 잠겨 사막 위를 걷고 있는 모습은 남편의 삶의 철학과 사유의 깊이를 보여주고 있었다.

"오늘도 몇 백 명의 무자히딘 전사를 고향으로 돌려보냈다.

생명 같은 총을 놓고 돌아서는 그들의 무표정한 눈길을 나는 애써 피해야 했다. 감사하며 내미는 거친 손길에서 조국을 지키려 설산과 사막을 누비던 용맹한 전사의 모습은 찾을 수 없다. 대신 목숨 바쳐 지켜 낸 조국의 평화가 그들에게 보상해준 몇 푼의 돈과 밀가루 포대로 만족하며 쓸쓸히 발길을 돌린다.

그들은 나에게 감사하다고 말하지만 나는 그들에게 감사한다. 그들이 깨우쳐 준 마지막 애국의 모습. 그 돌아섬의 의미를.

그들의 모습에서 항일의병장의 가난한 후손이었던 우리 아버지와 전쟁 중에 이북에 형제를 두고 온 이산가족 어머니의 눈물을 기억한다.

그들에게 조국은 생명이요 전부였지만 조국에게 그들은 무엇이었을까?

불혹의 나이를 넘어 마주한 이 불행한 땅 아프간은 나를 이곳에 보내준 조국의 소중함과 반평생 걸어온 군인의 길을 어떻게 마무리해야 하는지를 가르쳐 준다.

나아감의 용기도 아름답지만 물러서는 지혜도 또한 아름답다는 것을!

사막의 모래를 닮은 그들의 눈동자 속에서 힌두쿠시 설산 눈표범의 그림자를 다시 본다.”

가족이라서 그렇게 보였을까? 활짝 웃는 모습에서, 여유 있게 현지인을 대하는 모습 속에 언뜻언뜻 드러내는 쓸쓸함의 그림자. 그 죽음의 땅에서 애면글면 홀로 임무를 수행해야 하는 40대 후반의 군인의 삶. 그리고 새로운 삶을 시작해야 하는 두려움의 흔적들이 고스란히 배어 나오는 가장의 모습에 우리는 말없이 앉아 있었다.

무거운 죄책감 같은 것이 어깨를 누르고 있는 것 같았다. 한참을 리모컨만 만지작거리던 아들이 벌떡 일어났다.

“아! 나는 공부나 해야겠다.”

딸아이가 따라 일어나며 말했다.

“역시 우리 아빠는 멋있단 말이야.”

그 날 이후 녀석들은 더 열심히 공부했다. 잠시 게으름을 피우다가도 ‘아빠는 지금…?’ 하고 다시 책을 펼쳤고 주말에도 새벽같이 도서관에 갔다.

그해 가을 연세대로 편입한 아들은 첫 학기에 최우등을 따내서 기존 연대생들을 무색하게 했고 딸아이는 원하는 회사에 취업했다.

나라를 위해, 세계 평화를 위해 일하는 아빠. 남들은 절대 가지 않을 위험하고 열악한 지역에 나가 묵묵히 자기 임무를 수행하는 아빠, 외국인들과 어깨를 나란히 하며 자랑스럽게 일하는 아빠. 그리고 비록 가정과 가족들에게는 소홀하지만 다른 사람을 위해 희생하는 아빠의 모습에 아이들은 자극을 받는다.

교육이란 늘 차분하게 진행하면서도 주기적으로 감동과 자극을 주어야 효과가 있다. 그중에서도 타인 때문보다는 가까운 가족에 의한 자극과 감동이라면 더더욱 효과가 있다.

아이들에게 하나뿐인 아빠가 그 역할을 담당한다면 그 효과는 백배만점이다. 잘 생기고 돈 많은 부자가 아닌 그야말로 ‘멋있는 아빠’ 성실하면서도 여유 있는 웃음과 따뜻한 가슴을 가진 아빠, 언제나 당당하고 철학을 가지고 살아가는 아빠야말로 아이들에게 롤 모델로 안성맞춤이다. 절대로 다른 아빠와 비교되는 아빠여서는 안 된다.

아이들의 존경을 받는 아빠, 아이들이 닮고 싶어 하는 아빠. 그리고 어렵고 힘들 때 떠올리고 힘을 얻는 아빠. 그리고 엄마는 아이들의 아빠를 그런 아빠가 되게 하여야 한다. 그런 아빠만 있다면 따로 인성교육이니 가정교육이니 어쩌고 할 필요가 없을 테니까 말이다.

부부싸움의 원칙

내 나이 이제 곧 환갑.

즐거울 때나 슬플 때나 바쁘거나 한가할 때에도 나는 문득문득 허탈하면서 쓸쓸하다. 한순간 마음이 싸하면서 끝없는 우울함에 빠지는데 나조차도 왜 그런지 의문이 들었다. 하지만 곰곰이 생각해보니 그 원인은 유년기의 상처 때문임을 이제야 알게 되었다.

어렸을 적 우리 부모님은 아버지의 외도로 인해 끊임없이 큰소리가 오고 갔다. 부모님은 하루가 멀다고 온 살림을 때려 부수며 동네가 떠나가라 싸우시고 우리 4남매는 말없이 그 모습을 지켜보곤 했다. 어머니는 사는 것이 지겹다고 입버릇처럼 늘 말씀하시고 당신의 크나큰 마음의 상처와 고통 때문에 우리 남매 돌보기를 소홀히 하셨다. 그도 그럴 것이 나는 자라면서 단 한 번도 내가 사랑받는 한 인간이라는 것을 느껴보지 못한 채 늘 노심초사하며 부모님 눈치를 보며 자랐으니 말이다. 심지어는 삶의 이유까지 뒤흔들려 어린 나이에 자살 충동까지 느끼며 끊임없이 무언지 모를 우울감과 싸워야 했다. 나의 심신은 그렇게 병들어 갔던 것이다.

부모님의 그러한 모습을 보며 자란 나는 '나는 절대로 저렇게 안

살 거야. 어떠한 힘든 일이 있어도 내 자식들에게는 끝없는 사랑을 줄 거야. 나 같은 인생은 물려주지 않을 거야’ 라도 다짐하고 또 다짐했었다. 결혼해서 아이들을 낳고 인생을 살면서 우리 부부에게도 수많은 시련과 아픔이 찾아왔다. 우리 부부 또한 이런저런 크고 작은 문제로 다투었고 그러다 싸움이 크게 나겠다 싶으면 나는 나의 어린 시절을 떠올리며 항상 남편을 밖으로 불러내곤 했다. 아이들에게는 힘든 내색을 하지 않으려, 괴로운 마음을 조금이라도 스스로 달래보려 한밤중에 고속도로를 질주하기도 하고 심장이 터져라 뒷산을 오를지언정 말이다.

지금도 단 한 가지 마음에 걸리는 일이 있다면 딸아이가 고등학교에 다닐 때 집안에서 큰 싸움을 한 일이다. 지금은 시간이 흘러 싸움의 발단이 무엇이었는지는 흐릿하지만 그때 몸싸움을 하는 모습을 딸에게 모두 보인 것이 잊혀지지 않는다. 딸아이는 울며불며 엄마 아빠를 말렸고 결국 잠 한숨 못 잔 채 다음 날 학교에서도 온종일 울기만 했다고 한다. 15여 년이 지난 지금도 딸아이는 그때의 일이 뇌리에서 지워지지 않는다며 사춘기인 당시에 큰 충격을 받았었노라며 말하곤 한다. 그러면서 몇 달 전 딸 부부도 큰 싸움을 하였는데 둘 사이의 7개월 된 딸을 안은 채로 싸웠다고 했다. 서로 막말도 오고가는 아주 큰 싸움이었단다. 그랬더니 아기가 며칠 내내 계속 보채며 잠도 잘 자지 않고 이상하더란다.

어느 유아심리학자의 말에 따르면 부모의 말다툼은 숨기기보다는 아이 앞에서 적절한 다툼과 화해의 과정을 보여주면 아이의 갈등해결 능력을 길러줄 수 있다고 한다. 하지만 문제는 부부싸움이 간단한 말다툼으로 끝나지 않을 때이다. 큰 부부싸움은 때로는 사소한 말다툼에서 시작하지 않는가. 나는 감히 말할 수 있다. 부부싸움은 아이에게는 학대 그 자체라고. 육체적인 학대만 아닐 뿐 존재감을 뿌리째 뽑을 수 있는 정신적 학대이며 그것을 아이의 평생을 좌지우지할 수 있을 정도이라고.

자녀를 둔 부모라면 큰 싸움은 밖에서 하기를 당부하고 싶다. 부부 간에 심한 갈등이 있다면 반드시 둘 중 하나라도 중심을 지키고 강인한 마음으로 아이를 지켜주며 상처를 주면 안 된다고 말이다. 단 한 번의 실수도 아이에게는 지워지지 않는 기억이므로….

선택하는 것, 포기하는 것

그래도 헐레벌떡 아줌마는 행복하다

아이는 꿈꾸는 존재다

욕심과 정성은 다른 것이다

본질을 먼저 보게하라

먼저 손을 내밀어라

갈비탕과 소라찜

Chapter 7

모든 것이 교육이다

선택하는 것, 포기하는 것

"애들을 그 시골에 처박아서 어쩌려고?"

"남편 출세는 마누라하기에 달렸어!"

물어보는 사람마다 의견이 달랐다. 어떤 사람은 떨어져 살아서 실패했고 누구는 같이 살아서 실패했다는 실패 사례만 들려주니 오히려 선택하기 더 어렵게 되고 말았다. 차라리 물어보지나 말 걸, 그냥 되는 대로 살 것을 괜한 요란을 떠는 것 같았다.

큰 아이가 중학교에 입학하던 해, 남편은 우리나라 최동북단 지역에 대대장으로 부임하게 되었다. 하필이면 서울에서 제일 멀고 제일 작은, 통일 전망대가 있는 바닷가 마을이었다. 국가의 명령이라면 무조건 따라야 하는 군인 남편은 군말 없이 부임준비를 했다. 하지만 아이들을 좋은 환경에서 공부시키고 싶은 나는 그렇지 못했다. 왜 하필이면 그 먼 곳이고 그런 시골이냐고? 남들은 서울이나 도시, 아니면 가까운 근교로 부임하는데 왜 매번 최전방만 돌아다니느냐고 불평도 털어놓았다. 그냥 가만히 있으면 강원도 어디(?)라는 말이 있던데, 정말로 가만히 있어서 그런가 하고 툴툴거리면 "쓸데없는 소리!" 한마디로 끝이다.

　이제 고급 지휘관이 되면 부하들과 그 가족들도 많아져서 더더욱 아내의 역할이 필요해진 남편과 사춘기에 들어서면서 점점 엄마의 손길이 필요해진 아이들.

　남편 내조를 위해 강원도 시골로 이사할 것인가? 아니면 아이들 교육을 위해 두 집 살림을 해야만 할 것인가? 나는 선택의 기로에서 이러지도 저러지도 못하고 있었다.

　그전에도 비슷한 경우가 있었다. 중령 진급을 코앞에 두고 있을 즈음 해외 주재대사관에서 무관근무를 하지 않겠느냐는 요청이 왔다. 남편은 마침 그곳 지휘참모대학을 나온 데다가 영어가 뛰어났으므로 최고의 적임자였다. 당시만 해도 해외에 나가기가 무척 어려울 때인지라 3년간이나 해외 근무를 한다는 것은 호박이 넝쿨째 굴러 들어온 것 같은 기회였다. 하지만 이미 두 번이나 해외 유학을 다녀오느라 꼭 거쳐야 할 야전 근무와 필수교육을 이수하지 않은 남편이 3년 임기의 해외근무를 떠난다면 그해 진급은 물 건너간 것과 다를 바 없었다. 게다가 야전 근무를 우선으로 하고 해외 유학이나 근무는 일종의 특혜로 보던 시절이었다.

　한동안 숙고하던 남편이 나의 얼굴을 쳐다보며 말했다.

　"당신과 아이들에게는 좋은 선물인데? 남들은 돈 들여 여행도 가고 조기유학도 시키는데…."

　하지만 두 마리 토끼를 모두 쫓을 수는 없는 법. 결국, 남편은 아이들과 나를 위한 토끼를 선택하고 자신의 토끼는 포기하고 말았다.

영국에 도착하자마자 남편은 우리를 데리고 이튼과 옥스퍼드로 갔다. 영국 아니 세계 최고의 고등학교와 대학교의 잔디밭에 앉아서 남편은 말했다.

"이 학교를 너희에게 보여주려고 다시 나온 거란다. 너희는 꼭 이런 학교에서 공부해야 한다. 알았지."

남편에게는 자신의 출세보다 아이들 교육이, 그리고 가정의 행복이 우선이었던 것이다.

우리는 늘 선택의 갈림길에 선다. 그리고 그럴 때마다 더 좋은 것, 더 유리한 것을 선택하려고 고민한다. 하지만 모든 조건을 만족하게 해주는 완벽한 길은 거의 없다. 하나가 좋으면 다른 것이 좋지 않다. 어느 것이든 무언가 2%가 부족하기 마련이다. 그래서 어떤 사람은 전문가와 상의하기도 하고 어떤 사람은 절이나 교회에 가서 기도하며 물어보기도 하고 어떤 사람은 점집에 가기도 한다.

무언가를 선택하면 어쩔 수 없이 다른 무언가를 포기해야 하기 때문이다. 결국, 선택한다는 것은 곧 포기한다는 것과 같다는 사실을 우리는 늘 잊고 산다. 가장 좋은 것만 골라서 선택하려 하지 말고 덜 좋은 것들을 포기하면 되는데 그게 잘 안된다. 나를 위한 것보다 사랑하는 사람을 위해서 선택하면 되는데 그게 잘 안된다.

두 토끼 다 잡으려 하고 모든 걸 다 가지고 싶어 하기 때문이다. 즉 버리는 것을 싫어하고 버릴 줄을 모른다. 그래서 욕심을 내고 욕심에 끌려 다니고 욕심에 치인다.

　명예를 얻고자 하면 부를 구하려 하지 말고, 부를 구한 자는 권력을 탐하지 말아야 한다. 가난한 학자, 가난한 예술가가 더 존경받는다는 사실을 잊어서는 안 된다.

　권력을 잡은 자가 명예와 부를 넘보고, 학자나 예술가가 권력을 탐한다. 돈이 있는 자는 돈으로 다른 것들을 사려 한다. 그러다가 결국, 모든 것을 다 잃고 패가망신하고 실패한다.

　결국, 나는 남편이 그랬듯이 아이들 교육을 중시하는 쪽을 택했고 남편 혼자 그 먼 임지任地로 떠났다. 하지만 나는 나의 소중한 남편을 포기할 수가 없었다. 욕심이 아니라 직무유기라고 생각했다. 남편을 위해 매주 태백산맥을 넘는 강행군을 계속했다. 새벽같이 서울을 떠나고 밤늦게 진부령이나 미시령을 넘어 돌아오길 거듭하다가 진부령 눈길에 미끄러져 계곡에 추락하는 대형사고도 당했다. 방학이면 아이들 공부 준비를 다 꾸려서 현지의 작은 독서실이나 학원에서 부족한 부분을 채웠다. 그쪽 아이들은 방학 중에 서울의 유명학원을 찾아 떠나는데.

　남편도 아이들도 나의 강행군을 걱정했지만, 아이들에게 부모가 어떤 희생을 하고 있는가, 얼마나 치열하게 사는가를 보여주는 것 또한 교육이라 생각했다. 가족 전체가 조금씩 고통을 분담하는 것도 사랑이란 것을 가르쳐 주고 싶었고 어렵고 부족한 여건 속에서도 생각하기에 따라 최선의 방법도 있다는 것을 알려주고 싶었다.

　결국, 나는 아이와 남편 어느 것도 포기하지 않았다. 단지 나 자신을 포기했을 뿐.

그리고 그것이 최선의 선택이자 최선의 포기였음을 믿어 의심치
않는다.

그래도 헐레벌떡
아줌마는 행복하다

양평을 지나면서부터는 길가에 부대 정문들이 줄지어 있다.

'아! 남편 부대가 여기라면 얼마나 좋을까'라는 생각이 쓸데없는 생각이라는 것을 알면서도 거기 근무하는 사람들이 마냥 부럽다. 그렇게 홍천을 지나고 양구를 지나고 인제를 지날 때까지도 그런 아쉬움은 그치지 않는다.

"다들 서울 가까이에 근무한다는데 네 남편은 그런 능력도 없니?"

매주 강원도 거진까지 다녀와야 하는 나를 보고 친정어머니는 혀를 끌끌 찼다. 애당초 군인에게 딸 주지 않겠다고 심하게 반대했던 부모님은 '내가 그때 뭐라 했더냐?' 하는 표정이다. 마침내 진부령을 굽이굽이 넘어서고 멀리 동해가 보일 때쯤이면 다 왔다는 안심보다는 한숨이 나온다.

'아휴, 어떻게 돌아가지!'

'토요일 저녁' '일요일 아침' '일요일 저녁'…. 그렇게 월요일 도시락 반찬까지 각각 포스트잇을 붙여 놓고 나면 옷장에서 옷을 꺼내어 똑같은 표지를 붙여야 한다.

다시 한 번 집안을 둘러보고 남편에게 가져갈 밑반찬 통을 들고 나서면 차의 시동도 걸기 전에 이미 몸은 파김치다. 아침 일찍 출발하지 않으면 길이 막힐 것이고 그러면 언제 도착할지 모르는 국토 횡단 길. 1분 1초를 아끼려 서두르고 허덕여야 한다. 시간도 시간이지만 빠듯한 살림에 만만치 않은 수백 킬로미터 장거리 왕복 기름 값 때문에 밀리지 않는 시간을 택해서 움직였다.

두 집 살림이란 단순히 몸만 힘든 게 아니었다. 생활비도 이중으로 들어야 하니 따로 수입이 없는 군인 살림이라 모든 걸 아껴야 했다. 그중에서도 제일 먼 거리를 달려야 하는 기름 값이 그렇게 아까울 수가 없었다. 게다가 대개 두 집 살림하는 시기는 남편의 용돈도 아이들 교육비도 최고로 많이 들 때다. 그렇다고 아르바이트를 할 수 있는 시간도 없다. 어떤 나라는 별거수당도 주고 특별 휴가나 가족들 재회를 위한 위로행사도 열어 준다는데….

그렇게 도착하면 또 일거리가 산더미처럼 기다리고 있다. 설거지거리며 땀 냄새 나는 빨랫감, 방부터 화장실까지 청소하고 가지고 간 재료로 일주일 치 찌개며 국을 끓여야 한다. 이윽고 까맣게 그을린 얼굴에 먼지 냄새나는 군복을 입은 남편이 돌아오면 몸은 천근만근이지만 아무렇지도 않은 듯 반가운 표정을 지어야 한다.

군인이라는 이유만으로 가족과 멀리 떨어져서 혼자 살아야 하는 남편. 돈 걱정하느라 전화조차도 자주 하지도 길게 하지도 못하던 시절이었다. 힘들어도 힘들다는 말보다 미안하다는 말을 먼저 하는 그의 얼굴을 보면 또 안쓰러움에 울컥한다. 하지만 이런 육체적 경제적 어려움은 어떻게 보면 아무것도 아니다.

아이들 때문에 결국은 떨어져 살기로 결정하면 대부분 아이에게 또는 남편 한쪽에만 집중하는 것이 보통이다. 하지만 나는 남편도 아이도 포기할 수가 없었다. 사실 웬만큼 적당히 해도 각자 자기들 스스로 꾸려가겠지만 나는 그렇게 할 수가 없었던 것이다. 혹시라도 떨어져 산다는 이유로 어느 한쪽에라도 문제가 생기지 않게 하기로 결심했기 때문이다. 아이들도 아빠와 있을 때보다 더 정성껏 보살피고 잔소리하고, 남편도 같이 살 때보다 더 깔끔하고 건강하게 부대 일을 할 수 있도록 종종걸음을 쳐야 했고 그 생각으로 그 부담으로 늘 노심초사, 전전긍긍하며 살아야 했다. 그래서 나는 매주 백두대간을 넘어야 했다. 그러자니 결국 내 몸과 자동차만 혹사당할 수밖에.

대대장을 마칠 때까지만 참자 했는데 남편은 또 참모 근무를 삼척에서 했다. 남들은 여름휴가 때나 설레는 마음으로 넘는 진부령, 미시령, 한계령, 대관령을 나는 매주 넘어야 했다.

다시 월요일 새벽 네 시면 나는 잠자는 남편을 두고 서울로 향한다. 잠에 빠진 아이들을 깨워 학교에 보내고 나면 또 산더미 같은 설거지와 빨랫감을 해치우고 반찬 준비, 간식준비로 하루를 꼬박 보내고 나서야 뻗을 수 있다. 그리고 겨우 이틀 정도 집안일이며 아이들 공부 뒷바라지를 하면 어느새 또 떠날 준비를 해야 한다. 어떻게 하루를 보내고 어떻게 한주가 가고 한 달이 가는지 도무지 정신이 없다. 내 또래의 다른 엄마들은 취미 생활을 한다, 모임을 한다, 여행도 한다 하며 폼 나게 여유 있게 재미있게 사는 것처럼 보이는데….

어느 해 휴가철, 차가 막히는 도로에서 그들을 부러움 반 원망 반
으로 쳐다보며 옆에 앉은 짜증스런 표정의 아이들에게 중얼거렸다.
"얘들아 걱정 마! 우리도 폼 나게 사는 날이 올 거야!"
결국 그렇게 정신없이 오가던 중에 드디어 사고를 내고 말았다.
새벽 어스름에 넘어가던 겨울 어느 날, 눈이 살짝 내린 진부령고
개를 넘다가 미끄러지고 말았던 것이다.
일주일 이상은 입원 치료해야 한다는 인제 병원 응급의사의 말을
뿌리치고 새벽 댓바람에 달려온 친정아버지 차에 링거를 꽂고 깁스
를 한 몸을 누였다. 혹시 최전방을 지키는 남편이 신경을 쓸까 봐 남
편에게도 알리지도 못했다.
결국 한숨 섞인 엄마의 소리가 머릿속에 횡하니 들어왔다.
"언제까지 그렇게 미친년처럼 헐레벌떡 살아야 한다니?"

아이는 꿈꾸는 존재다

"엄마는 콩쥐야? 아니면 신데렐라야?"

시골 시댁에 도착하자마자 헐렁한 몸빼 바지에 낡은 스웨터 하나를 걸치고 곧바로 부엌으로 들어가거나 밭으로 나섰다. 머리에 수건까지 덮어쓰고 나서면 천상 시골 아낙. 그렇게 밭으로 부엌으로 부지런히 들랑거리는 나를 보고 딸아이가 한 말이다.

남편은 군인이라서 집안의 대소사나 명절 때면 거의 참석하지 못했고 늘 나 혼자만 가야 했다. 게다가 멀리 전방에 지휘관으로 근무하거나 하면 나마저도 못 가는 일이 많아서 시댁에만 오면 난 늘 죄인된 심정이었다. 타향에서 외롭게 지내는 것도 마음이 아픈데 집안 식구들은 '일부러 핑계만 대는 것 아니냐?'며 서운해하거나 내심 삐쭉거렸다.

게다가 다른 친척들이나 동서들도 대부분 인근 지방의 비슷한 환경에서 자라고 가까이들 살아서 서로 얘기도 통하고 할 얘기도 많아 늘 자기들끼리 '호호 히히' 왁자지껄한데 나만 '서울며느리'라 개밥에 도토리처럼 겉돌 수밖에 없었고, 서울 색시는 깍쟁이라는 선입견을 노골적으로 드러내기도 해서 차라리 밖에서 일이나 하는 것이 편했다.

　신혼여행에서 돌아오자마자 남편은 나를 시댁에 남기고 훌쩍 전방으로 떠났다. 시댁 가풍도 익히고 시부모님과도 친해지라는 세심한 배려였지만 달콤한 신혼살림을 꿈꾸던 나에게는 청천벽력 같았다. 무엇을 해야 할지, 어떻게 해야 할지 전혀 모르는, 처음 해보는 불편한 시골 생활. 거기다 갓 시집온 새색시에게는 하루하루 피가 말랐다.

　마침 눈코 뜰 새 없는 농번기라서 시부모님은 새벽같이 나가 밤늦게 들어오시고 당연히 집안 살림은 내 차지였다. 나무를 때서 밥을 하려면 눈물 콧물이 범벅되었고, 흙투성이 작업복이며 두꺼운 겨울옷까지 일일이 손빨래를 하다 보면 허리가 빠질 것 같았다.

“소여물도 좀 주거라.”

　밭에 나가시면서 던지신 시어머니 말씀에 나는 가슴이 철렁 내려앉았다. 시댁에 올 때마다 대문 옆 외양간에 있는 커다란 황소가 얼마나 무서웠는지 모른다. 그 퉁방울 같은 눈을 두리번거리고 콧김을 불어대며 커다란 머리를 흔들면 나는 가슴이 콩알만 해져서 눈도 못 마주쳤었다. 하지만 시어머니 말씀을 못 들은 척 할 수도 없어 커다란 함지박에 여물을 가득 담아 질질 끌고 외양간으로 갔다. 다행히 황소는 돌아앉아 되새김질을 하고 있었지만 도저히 가까이 다가갈 수가 없어서 긴 작대기로 함지박을 외양간 안쪽으로 밀어 넣었다. 조금씩 외양간 안으로 함지박이 밀려들어 가자 누워있던 소가 고개를 돌리며 일어섰다. 그 태산만 한 몸뚱이가 벌떡 일어서고 커다란 뿔을 가진 얼굴을 내 쪽으로 돌리며 콧김을 훅 내뿜는 순간 나는 그만 비명을 지르며 그 자리에 주저앉아 버렸다. 녀석은 나를 힐끗 보고는 고맙다는 듯 고개를 주억거리며 여물을 먹기 시작했지만 나는 왈칵 눈물이 쏟아지며 남편이 원망스러워지고 그렇게도 결혼을 반대했던 부모님 생각에 소리 내며 울고 말았다.

다른 며느리들처럼 보채거나 뒤뚱거리는 아기 핑계를 대고 적당히 쉴 줄도 몰라서 숙맥 같은 부엌데기처럼 이것저것 허드렛일을 할 수밖에 없었다. 게다가 그 죽죽 늘어지는 사투리도 낯설고 같이 온 남편도 없어서 늘 혼자 외톨이로 떨어져 일하고 있는 내가 안쓰러웠던지 딸아이는 사촌 아이들과 놀지도 않고 내 뒤만 졸졸 쫓아다녔다.

"왜 엄마 혼자만 일해? 다른 사람은 다 노는데….."

"엄만 신데렐라야?"

딸아이의 짜증 반 울음 반 물음에 말문이 탁 막혔다. 대신 코끝이 찡해 왔다. '그래도 네가 내 맘을 알아주는구나' 나는 녀석을 끌어안고 울 뻔했다. 하지만 목까지 올라온 것을 삼켜야 했다. 내가 눈물을 흘리면 녀석은 통곡할 것이고 명절날 분위기를 망칠 것이 뻔하다. 그리고 아이마저도 현실의 희생자로 만들 순 없었다.

"그래 엄마는 신데렐라야. 혼자 열심히 일만 하는. 하지만 어떻게 되지?"

녀석은 빤히 내 얼굴만 쳐다보았다.

"왕자님 만나서 행복해지잖아, 그렇지?"

아이가 고개를 끄덕였다.

"그래, 열심히 일하고 착하게 살면 왕자님이 찾아오는 거야."

"아하! 그러니까 아빠가 왕자님이네."

그제야 녀석은 안심한 듯 아이들 노는 곳으로 뛰어갔다.

몇 해인가가 흐른 어느 날, 이제 막 학교에 다니기 시작한 동생이 숙제하기 싫다고 게으름을 피우자 딸아이가 말했다.

"야, 인마. 공부도 열심히 해야 왕자님 만나는 거야!"

녀석은 정말 왕자님 만나려고 더 열심히 공부했는지도 모른다.

아이들이 네 살 때쯤 되면 스스로 판단을 내리기 시작하고 좋은 감정과 좋아하지 않는 감정을 알고 표현한다고 한다. 아이가 스스로 독자적인 사고를 하게 되는 시기가 되면서부터는 아이가 어리다고 부모의 감정을 함부로 표출해서는 안 된다.

자칫 현실의 각박함에 쫓겨 아이들 보는 데서 성질을 부리거나 아이를 상대로 화를 내거나 한풀이를 하면 아이들은 그걸 영원히 기억하는 '각인 효과'를 갖기 때문에 아이는 평생 불안한 마음과 부정적인 사고를 갖게 된다. 그러니 엄마 자신의 욕구불만을 아이에게 발산하거나 자신이 못 이룬 꿈에 대한 대리만족의 대상으로 삼아 아이들에게 무리한 요구를 하거나 밀어붙여서도 안 된다.

아이들이 스스로 사고를 하기 시작하면서부터는 보다 긍정적이고 밝은 생각과 희망차게 미래를 보는 눈을 갖도록 해주어야 한다. 그들에게 향기로운 상상력을 불어넣어 주어야 한다. 촉촉하고 말랑말랑한 가슴, 무지갯빛 감성을 키워줘야 한다.

엄마가 아이들에게 건네주는 향기로운 말 한마디, 촉촉한 감성의 한 조각, 무한한 상상의 나래를 통해 아이들은 세상을 아름다운 곳으로, 살아 볼 만한 곳으로 인식한다. 그리고 그들은 세상을 그렇게 만들 것이다.

이제는 엄마가 된 딸아이가 두 돌을 눈앞에 두고 있는 손녀에게도 '왕자님' 이야기를 해주는 것을 보면 흐뭇하다.

욕심과 정성은 다른 것이다

살아가면서 생기는 고통과 고민을 어떻게 해결할 것인가, 그리고 어떻게 벗어나 깨달음의 길을 갈 것인가에 대해 즉석에서 묻고 즉석에서 답하는 즉문즉설卽問卽說로 유명한 정토회의 법륜스님에게 한 어머니가 물었다.

"저희 아이가 좋은 대학에 가려면 어떻게 기도해야 하나요?"

늘 환한 미소가 트레이드마크인 스님이 빙긋 웃으며 되물었다.

"아이가 공부를 잘하나요? 서울대학에 갈 정도로?"

"아니요. 그러면 뭐하러 기도해요?"

작은 웃음소리가 터졌다.

"그럼 그 바로 밑에 대학에 갈 정도는 되나요?"

"그보다 훨씬 아래 대학도 힘듭니다."

어머니가 기어들어가는 소리로 말했다.

"그럼 이렇게 기도하세요."

"부처님! 공부 잘하는 아이들이 모두 좋은 대학에 가도록 해주세요. 그리고 공부 잘 못하는 우리 아이는 제 실력에 맞는 대학에 가도록 도와주세요."

순간 조용한 법당이 '와!' 웃음바다가 되었고 질문한 어머니는 붉어진 얼굴을 숙였다.

웃음이 그치길 기다린 스님은 정색하고 말했다.

"실력에 맞는 대학에 가는 것이 세상의 이치입니다. 그런데 공부 잘하는 학생이 하향지원하면 보살님 아이는 갈 데가 없잖아요. 그러니 공부 잘하는 학생들이 좋은 대학에 가게 해달라고 기도해야지요. 부처님은 남이 잘되게 해달라고 하면 잘 들어주지만 내 욕심만 내면 안 들어 주세요. 실력 없는 내 아이를 좋은 대학에 보내달라면 실력 있는 남의 자식은 떨어뜨려 달라는 것이니 부처님이 들어주시겠어요? 안 들어 주시겠어요?"

모두가 이구동성으로 소리쳤다.

"안 들어 주십니다!"

요즘에는 워낙 눈치작전이 심하고 우선 합격하고 보자는 안전 위주로 가기 때문에 하향지원이 극심한 추세다. 공부 잘하는 학생들이 자기 실력에 맞는 대학에 가야만 실력이 부족한 학생들도 자기 실력에 맞는 대학에 갈 수 있다. 실력도 안 되는 학생이 운 좋게 또는 기도의 힘으로 좋은 대학에 합격했다 하더라도 공부도 따라갈 수 없고 학교생활도 재미가 없을 것이니 중도하차 하거나 심지어는 자살하는 경우도 비일비재하다.

좋은 대학에 가고자 한다면 아이가 그 대학에 갈 실력을 갖추도록 만들어야 한다. 그런데 우리는 늘 실력보다 좋은 대학에 가기를 바라고 능력보다 더 나은 대가를 바란다.

‘뿌린 대로 거두리라’ 는 그 평범한 진리를 우리는 늘 잊고 산다.

실력이 없는 내 아이가 좋은 대학에 가면 좋은 대학에 갈 실력을 갖추기 위해 열심히 노력한 다른 아이와 부모들에게는 큰 상처와 불이익을 주는 일임에도 우리는 늘 제 욕심만 챙기려 한다. 내 자식 잘되자고 남의 자식 못되게 해달라고 기도하면 하느님도 부처님도 그 어느 신도 들어주지 않을 것은 자명한 일이다.

수능시험이 임박해오면 엄마들은 교회로 성당으로 사찰로 몰려든다. 그 호황을 놓칠세라 전국의 종교기관에는 현수막이 요란하게 나붙는다. 백일기도니 밤샘기도니 정성을 들인다. 나도 가까운 절에도 가보고 특별한 효험이 있다는 대구 팔공산 갓바위에 갔다. 매일 108배를 하면서 아이에게 힘을 보태주었다. 하지만 아이가 꼭 합격하게 해달라고, 꼭 좋은 대학에 가게 해달라고 빌었지만, 녀석은 수능시험에서 예상치보다 40점 가량이나 낮은 점수를 받고 말았다. 답안지를 작성할 때 잘못 옮기는 결정적인 실수를 한 것이었다. 내 욕심이 너무 지나치지나 않았을까? 그래서 오히려 역효과가 난 것은 아닐까? 나만 생각하는 나의 이기심에 경고를 한 것은 아닐까? 마음이 아팠다. 아마 내 지나친 욕심이 아이에게 부담으로 작용해서 그런 실수를 했을 수도 있을 것이다.

그러던 차 어느 날 TV에서 ‘즉문즉설’ 프로그램을 보았다. 나의 욕심이 아니 나의 무지가 너무 부끄러웠다. 이 평범한 진리를 왜 나는 모르고 있었을까? 나의 욕심이 나의 눈을 가린 것이다. 나는 나의 지나친 욕심을 지극한 정성이라고 잘못 생각했던 것이다. 그리고 그것이 아이에게나 집안 모두에게 지나친 부담이 되었다. 엄마가 늘 심각한 모습으로 기도하고 틈만 나면 절에 가서 살다시피 하다 보니 나도 모르는 사이에 얼굴이 심각해지고 몸과 마음이 바빠지고 늘 종 종거렸다. 당연히 집안 전체의 분위기는 가라앉을 수밖에 없고 당사 자인 아이는 시험을 잘 보아야 한다는 긴박감과 초조감까지 더해졌 을 것이다. 그러다보니 생각도 못한 실수를 하기도 할 것이다.

엄마의 기도로 엄마의 정성으로 아이가 좋은 대학에 갈 수 있다면 서울대학교가 백 개, 천 개가 세워져도 부족할 게다.

기도 방법을 바꿨다. 좋은 대학에 가기를 바라기보다는 다만 아이 가 무탈하게 시험을 준비하고 마치기를, 결과와 관계없이 즐겁게 시 험을 준비하기를 기원했다. 지나친 시험 부담으로 몸과 마음의 건 강을 해치지 않기를 빌었다. 자기 실력에 맞는 대학, 자기 적성에 맞 는 학과에 진학해서 즐겁고 보람 있는 학창시절을 보내게 해달라고 빌었다. 우리 아이뿐만 아니라 모든 수험생이 그렇게 되게 해달라고 빌었다. 자연스럽게 나 자신도 평화로워지고 여유로워졌다. 시험을 망치고 낙담해 있는 아이에게도 밝은 얼굴로 대할 수 있었다. 재수 를 고집하는 녀석에게 점수에 맞추어 들어갈 수 있는 학과에 지원하 도록 했다.

녀석은 그 학교에서 전 과목 A를 기록하고 다시 편입한 일류대학 에서 첫 학기 최우등생이 되더니 카이스트 대학원에 국비 장학생으로 들어가서 원하는 연구를 마음껏 하고 있다.

　방위사업체나 연구기관에 갈 수도 있는데 녀석은 군대에 입대하더니 변리사 시험을 준비해서 합격했다. 그리고 이제는 새로운 도약을 준비하고 있다. 그리고 무엇보다도 옛날의 밝은 미소와 자신 있는 표정을 다시 가지게 되었고 공부나 돈에만 연연하지 않고 하고 싶은 일을 해가며 활발하게 자신의 20대를 즐기고 있다

　나의 새로운 기도방법이 통한 것일까? 아니 나의 기도로 말미암아 새로운 사유방법이 나 자신은 물론 아이의 생각과 행동방법도 바꿔주었는지 모른다. 이렇게 올바른 기도방법과 사고방법을 가르쳐 주는 것도 또한 중요한 교육의 한 부분이 아닐까? 그러면 아무리 무섭고 까다로운 신이라도 그 정도는 들어 줄 수도 있을지도 모른다!

본질을 먼저 보게하라

"써니, 넌 항상 옷을 너무 잘 입는 것 같아."

함께 입사교육을 받으며 친해진 제이미가 뜬금없이 툭 던진다. 미국 회사의 시스템에 잘 적응하지 못하는 딸아이에게 이것저것 가르쳐 주고 서류도 작성하는 법도 가르쳐 주고, 가끔은 싫은 소리도 마다치 않는 착한 친구인데 오늘은 딸아이가 입은 옷에 시비를 건다.

딸아이가 입사한 미국 유명 보험회사의 복장 규정Dress Code는 "Dress for Success." 한마디로 "잘 입어라."이다. '아하 역시 여기도 복장을 강조하는구나!' 딸아이는 생각했다. '무엇을 어떻게 입어야 하나?' 미국에 와서 처음 하는 직장생활인지라 긴장도 되고 미국 아이들에게 옷 입는 것부터 지고 싶지 않았다. 한국에서 이미 일 년여 동안 직장생활을 했던 터라 입사 초기엔 문자 그대로 '잘' 입었다. 매일 아침 한국에서 하는 것보다 더 정성들여 화장을 하고 출근 전날에는 다음 날 입을 옷과 구두를 손질하고….

스스로 이만하면 괜찮다 싶었다. 회사에서 만나는 사람마다 한 번씩 훑어보고 지나갔다.

'내가 예뻐서 그런가? 처음 보는 동양인 여자라서?'

회사의 규모가 큰 만큼 일하는 사람들도 엄청나게 많았다. 그 수 많은 사람들 속에 화장도 진하게 하고 정장을 말끔히 차려입은 동양 여자 한 명은 그녀들 눈에는 특이했나 보다.

"무슨 연예인 같다. 얘!"

하지만 동료의 말을 듣고 주위를 둘러보니 소위 풀 메이크업에 치마 정장을 차려 입은 사람은 거의 없었다. 깔끔한 윗도리에 단정한 바지. 그게 다였다. 한국에서 누구나 하나쯤 가지고 있다는 그래서 '3초 백'이니 '5초 백'이니 하는 명품 핸드백을 들고 다니는 사람도, 최신 유행의 머리 스타일을 한 사람도 눈을 씻고 찾아볼 수가 없었 다. 명품은커녕 간편하고 실용적인 큰 가방과 십 년은 더 되어 보이 는 옷을 입고 머리도 단정하게 묶거나 짧게 자르고 다니는 사람들이 대부분이었다. 짙은 화장을 한 여사원도 거의 없었다. 오히려 그들 의 활기차고 명랑한 '쌩얼'이 더 보기 좋았다.

그러고 보니 요리조리 요란스럽게 치장을 한 자신이 너무 튀어 보 이고 오히려 이상해 보였다는 것이다.

"일하러 오는 게 아니라 파티라도 가는 거야?"

순간 딸아이는 얼굴이 화끈 달아올랐다. 가뜩이나 하나뿐인 동양 인인데 나 혼자 잘난 척한다고 손가락질하지는 않았을까? 나만 뽐 내는 미운 오리 새끼는 아니었을까?

부끄러운 마음에 허둥지둥 도망치듯 자리를 떴다.

한국의 여사원들은 하나같이 탤런트 뺨치는 미인이고 모두가 패션쇼 모델인 양 브랜드 옷과 명품 백을 들고 다닌다. '오늘은 어떤 일을 잘할까?' 하는 생각보다 '무슨 옷을 입고 갈까? '옆자리의 여직원이 입고 있는 옷은 뭘까?' 하는 데 신경을 더 쓰는 것 같다.

게다가 유행은 어찌 그리도 빠르게 바뀌는지! TV에서 어느 배우가 입고 나온 옷, 액세서리, 머리스타일은 다음 날이면 어김없이 거리에 가득 찬다. 길거리에 나가면 비슷한 스타일의 옷을 입고, 화장을 하고, 핸드백을 메고, 머리를 하고, 신발을 신은 사람들이 수두룩하다. 그 유행을 따르고 싶지 않다가도 주변 친구들이 하기 시작하면 괜스레 뒤처지는 것 같은 마음에 거금을 들여 유행 아이템을 하나둘씩 사기 시작한다.

대학 졸업을 앞두고 입사 면접을 보러 갈 때면 항상 최고로 차려입고 면접을 보러 가야 한다. 미용실에 가서 머리도 하고 새 옷도 사고 그에 걸맞은 핸드백에 신발도 사고 성형수술도 마다치 않는다. 그리고 그것도 이제는 남자 취업준비생들에게도 어색한 것이 아니라는 얘기도 들린다. 면접 때는 '처음 6초가 가장 중요하다, 첫인상은 6초 안에 결정된다'는 말은 이미 취업준비생들 사이에는 유명한 말이다.

지금 다니는 회사의 입사 시험을 치렀을 때도 딸아이는 엄청난 문

화적 충격을 경험했다. 화장도 하지 않은 채 필기시험을 치러 시험
장으로 향했는데 이게 웬걸? 필기시험을 치른 뒤 바로 1, 2차 면접
을 한꺼번에 치르는 것이 아닌가? 마른하늘에 날벼락이 따로 없었
다. 갑자기 보는 면접이라 준비도 없어서 질문마다 머뭇거렸고, 면
접관들이 화장조차 하지 않은 모습을 보며 분명히 '면접조차 제대로
준비 못하는 무성의하고 성실하지 못한 사람'으로 생각할 것이 뻔했
다. 하지만 결과는 예상과는 달리 합격이었다. 게다가 한국에서의
학력과 경력을 모두 인정한다는 것이었다. 입사 후 면접관에게 물어
보니 면접은 그 사람의 본질을 보는 것이지 겉모습을 평가하는 것이
아니란다. 이제 막 학교를 마친 사람이면 번듯한 옷이 없는 것은 당
연한 일이 아니겠느냐는 것이었다.

딸아이로부터 그 말을 듣는 순간 그동안 우리는 아직도 본질을 못
보고 있구나 하는 생각이 머릿속을 때렸다. 혹시라도 남이 나를 어
떻게 생각할까? 다른 사람보다 뒤떨어지지 않을까? 두려워한다. 내
가 어떤 사람인가보다는 내가 어떻게 보일까에 더 신경을 쓰는 것이
다. 그것은 나 자신이 부족한 것을 들키지 않으려는 생각이 앞서서
이지 않을까? 우리는 누구나 한두 가지 부족함이 없는 사람이 없다.
그것을 인정하고 솔직하게 자신을 드러낼 수 있고 잘못한 것은 인정
하고 더 노력할 수 있다고 말할 수 있는 것이 진정한 용기요 자신감
이 아닐까? 그래서 외모도 복장도 남들보다 못하지 않게 보이려고
발버둥을 친다.

누군가가 만들어낸 비싼 옷으로, 화려한 화장품으로 자신을 감싸는 것보다는 자신의 내면을 자신 있게 드러낼 수 있는 용기, 더 노력하려는 자세, 그것이 나를 드러내는 진정한 개성이라고 생각한다.

나 자신을 활짝 열고 사람을 대하고 세상을 대할 수 있는 나를 가꾸는 것이 중요하다는 생각을 해본다. 그리고 외모나 겉치장보다는 그 사람의 내면을, 본질을 볼 줄 알아야 하겠다는 생각이 들었다. 그리고 그런 진리를 우리 아이들에게 너무 늦게 가르쳐주는 것은 아닌지 반성해야 하지 않을까?

먼저 손을 내밀어라

엘레나는 서툰 젓가락질로 절인 명이나물 잎을 떼어내느라 애를 쓰고 있었다. 성북동 숲 속에 아늑하게 자리 잡은 전통 문화공연장을 겸한 한식집에서 울릉도 특산이라는 잘 절인 명이나물 잎에 제주 오겹살 편육을 싸먹는 맛은 그야말로 일품이었다.

게다가 일본에서는 수도승이 먹는 체력보강용 '행자마늘'이요, 중국에서는 몸을 따뜻하게 해주고 몸속의 덩어리를 없애주는 최고의 정력식품이며, 아메리카 인디언들은 건강식품으로 즐겼다고 하고, 이른 봄 먹을 것이 없을 때에 명命을 이어준다고 해서 '명이나물'로 이름을 지었다는 나의 설명을 들은 이제 막 한국 주재 외교관으로 부임한 남편을 따라온 엘레나는 눈을 반짝이며 진지하게 명이나물 한 장을 가까스로 떼어내어 펼쳐 놓고 그 위에 고기 한 점을 얹어 또 역시 여러 번 시도를 거듭하여 어설프게 돌돌 말아 겨우겨우 입에 넣어 우물거리고는 한숨을 쉬었다. 입으로는 맛있다고 연신 감탄사를 질러댔지만 둥글고 가는 놋쇠 젓가락으로 한 장씩 힘 안들이고 떼어내고 수월하게 돌돌 말아내는 우리를 보고 부러움을 금치 못했다.

고기 한 점 입에 넣는데 땀까지 뻘뻘 흘리며 헛젓가락질을 해대는 그녀에게 포크를 권했지만 바로 단군신화에 나오는 웅녀가 먹은 마늘이 바로 이 산 마늘이라는 이야기에 '곰이 포크질을 했을까?' 너스레까지 떨어대며 연신 젓가락질에 집중했다.

"엘레나, 이렇게 먹어 봐!"

보다 못한 내가 손가락 끝을 접시 물에 조물조물 닦고 명이나물 절임을 들어 올려 한 장씩 떼어다가 밥그릇에 얹었다. 고기 한 점, 새우젓 한 점에 무말랭이 무침까지 손으로 얹어 돌돌 말아 입에 쏙 넣었다. 그리고 김치 한 조각까지….

갑자기 커다래진 것은 그녀의 눈뿐이 아니었다. 동석했던 점잖은 양국 외교관은 물론이요, 옆에서 시중을 들어주던 정장 차림의 웨이터와 웨이트리스는 일순 당황해 하기까지 했다.

한 순간 정적이 흘렀다. 우적우적 김치와 오겹살 편육 씹히는 소리만 가득할 뿐. 물끄러미 나의 입과 손을 번갈아 바라보던 엘레나가 갑자기 성큼 소매를 걷었다. 그리고는 두 손으로 명이나물을 들어 올려 한 장 한 장 떼어내어 손으로 고기를 싸서 입에 넣고는 엄지 손가락을 치켜세운다.

1988년 영국 참모대에 유학하던 시절 유난히 이슬람 국가의 부인들과 친했다. 그중에서 특히 터키에서 온 우슈네 식구와 각별하게 지냈다. 우리와 정서도 같고 아이들도 동갑이라서 통하는 게 많았다. 특히 시원시원한 눈매를 가진 전직 교사 출신의 우슈 엄마는 온화한 미소를 가진 인상이 좋아서 아이들이 자주 놀러 가곤 했다.

어느 날 그 집에 다녀온 아이들이 손으로 반찬을 집어 먹는 것이

아닌가! 이제 막 서툰 젓가락질을 시작하는 나이라 그러려니 했는데,

"엄마, 손으로 먹으면 더 맛있어요."

"우슈네는 엄마 아빠도 손으로 먹어요."

아예 밥까지 손으로 조물조물 뭉쳐서 집어 먹더니 "엄마도 해봐!" 하며 반찬을 집어다가 내 입에 올려놓아 준다.

눈도 떨어지지 않은 채 입안에서 뱅뱅 도는 보리밥을 우겨넣는 내 곁에서 어머니는 늘 김치를 잘게 찢어 주셨다. 작은 내 입에 알맞게 찢겨 밥숟가락에 얹어진 잘 익은 김장김치는 사각사각한 어머니의 사랑이었고 김치찌개 속에 푹 익힌 묵은 김치는 진한 어머니의 깊은 정을 맛보게 했다. 어머니는 한술이라도 더 먹이려고 김치며 나물을 손으로 얹어 주셨고 나는 어머니의 정이 뚝뚝 떨어지는 그 보리밥 그 김치 한 숟갈 힘으로 이른 새벽길을 힘차게 나섰었다. 사회에 나와서도 결혼하고 또 외국에 나와서 힘들고 외로워 입맛이 깔깔할 때마다 나는 어머니가 얹어주는 김치 맛을 그리며 견뎌냈는지도 모른다.

나는 다른 반찬도 함께 싸서 크게 쌈을 만든 다음 엘레나의 입에 넣어 주었다. 그녀도 웃으며 받아먹더니 똑같이 하나를 싸서 낄낄거리며 내 입에 넣어 준다. 첫만남이라 무척 조심스러웠던 자리에서 우리는 그렇게 어색함을 벗어 던지고 껄껄 낄낄 친구가 되었고 그 집 특산물 동동주를 마음껏 들이켰다.

"외국 손님들에게는 이렇게 먹는 방법을 가르쳐 주어야겠어요."

　대한민국 최고의 품격을 자랑하는 이 집 지배인이 의미심장한 웃음을 지었다.

　어머니가 젓가락으로 김치를 얹어 주었거나 내가 포크나 젓가락으로 명이나물 쌈을 꽁꽁 싸주었으면 그런 정이 생겨났을까? 이메일이며 문자 메시지를 보내는 것이 습관이긴 하지만 손으로 쓴 편지나 엽서 한 장이 더 진실하고 정겹다.

　그런데도 우리는 늘 문명이라는 장갑을 끼고 산다. 쉽게 손을 보여 주려 하지 않고 먼저 장갑을 벗으려 하지 않는다. 늘 내 손을 감추려 하고 먼저 손을 내밀기를 두려워한다. 손끝에 정이라는 말이 있듯이 그냥 한 번 내밀고 서로 잡아주면 금세 마음이 통하고 금세 친구가 되고 금세 사랑할 수 있을 텐데도 말이다. 악수라는 예절이 무기가 없다는 것을 보여주는 것에서 출발했다지 않는가!

　나도 가끔은 아이들 밥 먹을 때 김치를 손으로 찢어 얹어 주거나 쌈을 싸서 입에 넣어 주거나 아예 손으로 밥을 뭉쳐 넣어 주기도 한다.

　다음에는 엘레나를 데리고 가서 어머니께 묵은 지 찜을 해 달래야겠다. 그리고 팔순이 다 되신 어머니께서 쭉 찢어주시는 세상에서 가장 맛있는 찐 김치 조각을 얹어 뜨거운 쌀밥 한 그릇 뚝딱 하고 와야겠다. 그리하면 그 옛날 새벽길 떠나듯 세상을 살아갈 힘이 다시 솟을 것 같다. 그리고 아무에게나 먼저 손을 내밀고 가슴을 열어 줄 수 있을 것 같다.

갈비탕과 소라찜

　런던 시내를 한참 벗어나서 템스 강을 따라 내려오다 보니 문득 '코리안 레스토랑'이라고 쓴 작은 간판이 보였다. 집도 시골 분위기가 나는 아담하면서도 조그마한 식당이었다.

　남편과 나는 서로 눈을 맞추었다.

　'시내도 아니니 별로 비싸지 않겠지?' 하고 표정으로 말하며 서로 고개를 끄덕였다.

　그즈음 들어 부쩍 아이들이 갑자기 한국 음식을 먹고 싶다고 졸라대기 시작했다. 하긴 한국에서 가지고 온 밑반찬과 양념들이 바닥난 지 꽤 되어서 이제는 현지 재료를 가지고 적당히 한국음식 맛을 내도록 하는 퓨전 레시피조차 어려워지고 있을 때였다. 거기다 내일모레가 추석이라 하니 더더욱 한국 음식 냄새가 그리워지는가 보았다.

　일부러 런던 시내에 있는 한국 음식점까지 나가는 것도 그렇지만 엄청나게 비싼 가격 때문에 가봤자 그림의 떡이요, 오히려 마음만 아플 뿐이라는 걸 뻔히 알기 때문에 못 들은 척하긴 했지만, 어찌 마음이 좋기만 했겠는가?

　낡은 자동차를 남이 볼세라 멀리 떨어진 곳에 대고 음식점으로 걸어갔다.

"엄마 진짜 한국 음식 사주는 거야?"

"짜장면도 있을까?"

저희끼리 손을 잡고 먼저 뛰어가는 아이들을 보며 우리는 서로 돌아보며 웃음을 지었다.

"여보 정말 괜찮을까?" 돈 걱정부터 앞서는 나에게

"걱정하지 마. 많이 비싸지는 않을 거야."

"하긴 시골이니까 시내 중심하고는 다르겠지요."

"난 갈비찜"

"아니야! 탕수육 먹자!"

녀석들은 테이블에 앉자마자 떠들어 대기 시작했다.

오랜만에 맡아 보는 한국 음식 냄새에 얼굴은 잔뜩 상기되어 온몸을 흔들어대고 있었다.

그러다가 메뉴판을 들여다보던 1학년짜리 딸아이가 갑자기 입을 다물더니 엄마 아빠를 번갈아 쳐다보는 것이었다.

"아빠! 난 안 먹어도 돼요. 그냥 샌드위치 사 먹어요!"

옆에서 같이 메뉴판을 들여다보던 남편이 한숨을 내쉬었다.

"어휴! 어쩜 여기도 똑같구나."

그때 주인아주머니가 다가왔다. 훌쩍 큰 키에 시원스런 얼굴을 하고 있었다.

"여행 오셨나 봐요?"

"아니 공부하러 왔습니다."

"아하 유학생이시네요."

그렇다고 고개를 끄덕이려는데 아들 녀석이 불쑥 내뱉었다.

"우리 아빠 군인이에요. 소령요, 육군 소령!"

주인아주머니의 눈이 커졌다. 무슨 군인이 영국까지 공부하러 유학을 오느냐는 뜻이리라.

"아하! 훈련받으러 오셨구나!"

무어라 설명할 틈도 없이 아들 녀석이 말했다.

"갈비찜 주세요."

그러자 딸아이가 얼른 말했다.

"아니에요. 갈비탕 주세요. 갈비탕." 그리고는 동생을 힘껏 흘겨 주는 것이었다.

"네 갈비탕 네 그릇 드릴게요."

두말없이 돌아서는 주인아주머니의 모습에 당황한 나는 아주머니를 붙잡았다.

"아뇨. 두 그릇만 주세요. 우리는 아까 점심을 많이 먹어서…"

철없는 아들 녀석이 가만히 있지를 못한다.

"엄마 언제 점심 먹었어? 아까 배고프다고 했잖아."

"아니 두 그릇만 시켰는데…"

"맛이나 보시라고 네 그릇으로 나누어 왔어요. 저희 집은 양이 좀 많은 편이거든요."

그리고는 김치며 나물이며, 젓갈까지 밑반찬을 가득 늘어놓는다.

한국과는 달리 반찬 하나하나마다 별도로 계산하는 것을 알고 있는지라 내심 불안해진다.

"여보오! 가만있음 어떻게 해요. 도로 가져가라고 해야지."

녀석들은 이미 머리를 처박고 갈비탕을 후루룩거리고 반찬마다 젓가락질을 해대고 있었다.

"뭘, 그냥 먹읍시다. 나오면 얼마나 나오겠어!"

'그래 금강산도 식후경이라 했거늘 까짓것 실컷 먹기나 해보자'는 오기가 불쑥 올라왔지만 돌아갈 비행기 표 사기도 빠듯한데, 아님 며칠은 굶어야 하는 건 아닌지 하는 걱정에 골이 아파왔다. 하지만 오랜만에 맡아보는 갈비탕과 반찬 내음은 나도 모르게 수저를 들게 하고야 말았다.

그때였다.

"이것도 좀 드셔 보세요." 하는 소리와 함께 커다란 요리접시가 식탁 위에 턱 놓였다. 푸짐한 콩나물과 미나리가 조갯살과 미더덕과 어우러져 매콤한 냄새를 풍기고 있었다. 그것도 사오인 분은 너끈히 넘을 만한 엄청난 양이었다.

순간 입으로 들어가던 수저를 멈춘 채 아주머니를 올려다보았다.

"우리 집에서 젤 맛있는 소라찜이에요! 점심 내고 남은 거니까 맛있게 드세요."

"예쁜 꼬마 손님들에게 아줌마가 주는 거야!"

아이들 볼을 한 번씩 꼬집어 주고는 뭐라 말하기도 전에 휭하고 돌아서 가버렸다.

음식값은 달랑 갈비탕 두 그릇 값만 내고 나왔다.

돈을 더 내겠다는 우리를 시종일관 웃음으로 만류하시던 그 아주머니의 얼굴이 갈비탕보다 소라찜보다 훨씬 맛있고 구수한 내음으로 다가왔다.

2년 뒤 남편이 대사관 무관이 되어 런던으로 다시 갔을 때, 그 자리에는 다른 식당이 들어서 있었지만 갈비탕 맛은 영 그때만 못했다. 그 이후로 평생 그때처럼 맛있었던 갈비탕과 소라찜(아구찜 비슷하다)을 먹어 본 적이 없다.

비싼 재료나 솜씨만으로 뿐만 아니라 훈훈한 인정으로 양념해야만 진정 맛있는 음식이 되는 것이라는 진리를 나는 20년이 지난 지금에 깨닫고 있는 것이다. 가난한 유학생 장교의 위장보다 가슴을 먼저 채워 준 그 갈비탕과 소라찜이야말로 세상에서 가장 아름다운 음식이 아닐까?

다른 사람의 어려움을 바로 자기 것으로 받아들이려는 마음, 그리고 그가 불편하지 않게 도와주는 그 마음을 가르쳐 주고 보여 준 주인아주머니 덕분에 힘들고 가난했던 유학시절 타국에서 맞은 그 해의 따뜻한 추석을 잊지 못하고 있다. 그리고 지금도 아이들과 갈비탕을 자주 먹으면서 그때의 이야기를 한다. 그리고 자신들도 늘 남의 사정을 먼저 배려해 주는 넉넉한 마음을 갖자고 다짐한다.

교육이란 백 마디 말보다도 단 한 번의 경험이 더 중요한데 우리는 어쩌면 말로만 교육을 부르짖는지도 모른다.

　조수경은 내 아내다. 내 아이들의 엄마다. 그리고 내 손녀 윤하의 할머니다. 아담한 키에 평범한 파마머리를 한 우리 주변에서 늘 볼 수 있는 수더분한 50대 아줌마다.

　그녀는 '톡톡이 아줌마'다. 각 방과 욕실 전등을 항상 켜놓고 다니는 가족의 뒤를 따라다니며 톡하고 끄고 TV 같은 가전제품의 플러그는 항상 빼놓는다. 에어컨은 아예 없고 혼자 있으면 난방대신 뜨거운 물병을 끼고 산다. 세탁기는 모아서 한 번에 돌리고 헹굼물은 따라 받아서 손빨래에 활용한다. 덕분에 우리 집 관리비는 다른 집의 1/3에 불과하다.

　그녀는 '꼼꼼이 주부'다. 매일 매일 돋보기를 쓰고 영수증을 정리하는 그녀 모습은 진지하다 못해 성스럽게 보인다. 단돈 10원도 거기에 등록되지 않고는 빠져나가지 못한다. 꼭 필요한 것이 아니라 없어서는 안 되는 것만 산다. 딸아이가 결혼 전 엄마의 가계부를 보고 펑펑 울었다. 시어머니는 받은 용돈을 말없이 장롱 서랍에 놓고 가셨다.

그녀는 '통 큰 엄마'다. 아이들을 위해서, 아이들과 약속한 것을 지킬 때, 다른 사람을 위해 돈을 쓸 때, 미래를 위해 투자할 때는 과감하다. 아이들의 물건도 유행할 것 같다 싶으면 미리 사준다. 버티다가 더 비싼 것을 사주고도 효과는 별로인 짓은 안 한다. 변리사 시험에 떨어졌음에도 약속대로 자동차를 사줬다. 녀석은 그 차로 도서관에 다니며 합격했다.

그녀는 '억척이요 또순이'다. 아이들 과외비나 학원비를 벌려고 작은 가게를 운영하기도 하고 세일즈도 했다. 강원도 고성까지 비가 오나 눈이 오나 왕복하며 두 집 살림을 했고 눈길에 낭떠러지에 굴렀어도 전방 근무 중인 남편에게 연락조차 하지 않았다.

그녀는 '짠돌이 아줌마'다. 그녀의 닭볶음탕에는 닭보다 감자가 더 많이 들어가도 맛있다. 외식은 돼지갈비 이상은 절대 안 한다. 쇠고기를 써야 할 때에는 반 근만 산다. 옷은 유행을 타지 않는 스타일만 고르고 십 년, 이십 년이 넘은 옷도 적당한 코디로 새것처럼 입는다.

그녀는 '수납 여왕'이다. 폐품이나 주변 물건을 이용하여 정리하는 창의력은 경이에 가깝다. 온갖 아이디어로 서랍마다 가구마다 빼곡히 정리한다. 30번이 넘게 이사하면서도 박스 하나하나에 내용물과 정리할 장소까지 빼놓지 않고 붙여서 하루 만에 정리를 끝낸다. 그래서 우리 집은 늘 넓게 느껴진다.

그녀는 '대변인이요 협상가'다. 아이들 사이에, 아이들과 아빠 사이에, 집안 식구들 사이에 문제가 생기면 모두가 그녀를 찾는다. 모든 것은 그녀의 전화 한 통으로 해결된다. '그 말이 내 말이야' 소리 몇 번이면, '사실은 이래서 그랬대' 하고 대변해주면 끝이다.

그녀는 '사색가요 철학가요 예언가'다. 아이들 교육과 가정경영과 대인관계에 정확한 주관을 가지고 흔들리지 않는다. 틀리면 왜 틀리고 옳으면 왜 옳은지를 명확하게 설명하고 설득한다. 그녀의 미래에 대한 설계와 예측은 거의 들어맞는다. 그래서 가끔 그녀가 미래에 대해 얘기하면 언뜻 겁이 나기도 한다.

이런 그녀를 나는 '중전'이라고 부르고 아이들은 '독재자'라 부른다. 꼼꼼한 계획과 독한 추진력으로 가정의 모든 일을 도맡아 하고, 해야 할 것과 해서는 안 되는 것이 분명하고 한번 정하면 세상이 무너져도 타협하지 않는다. 맨 몸뚱이로 시작한 가정을 탄탄하게 키웠고, 남편인 나를 늘 제 위치에 있게 해줬고, 아이들을 남부럽지 않은 인재로 키워냈다.

　그래서 그녀는 중전 같은 아내요 독재자 같은 엄마다.

　30년 동안 조수경과 살아온 그 어쩌면 평범한 이야기들을 새로이 되새기면서 다시 한 번 감동하고 다시 한 번 미안해하고 다시 한 번 우리가 가족임을 확인했다. 그녀가 앞으로도 더 독한 중전으로, 더 악랄한 독재자로 살아가기를 바라면서 결혼 30 주년이 되는 날에 이 책을 엮는다.

저자 채 수 문

셈본 인생경영

가재산 지음 | 신국판 | 값 15,000원

"셈본 인생경영"이 내놓는 대답은 명쾌하다.
어릴 적에 배웠던 덧셈, 뺄셈, 곱셈, 나눗셈이 바로 그것이다. 생각과 습관을 바꾸는 데 가감승제加減乘除 네 가지 셈만 잘 하고 '습관과의 GO-STOP'을 즐긴다면 자기 인생에 대한 경영은 물론이요, 은퇴 이후 제 2의 인생 설계를 완벽히 준비할 수 있다고 말한다.

여전한 인생 vs 역전한 인생

구건서 지음 | 신국판 | 값 15,000원

누구나 원하는 인생역전, 하지만 인생은 조금도 변할 기미가 보이지 않는다. 이제 무기력한 당신의 인생에 여덟 개의 키워드[꿈·인맥·도전·재능·행동·기본기·준비·열정]를 입력하라. 가난과 짧은 학력을 이겨내고 꿈을 이룬 구건서 노무사가 제시하는 인생항해를 따라 나만의 인생설계도를 완성한다면 인생역전은 당신의 것이 될 것이다.

두 바퀴로 떠나는 전국일주 자전거길

박강섭·양영훈 지음 | 180*230 | 값 15,000원

'두 바퀴로 떠나는 전국일주 자전거길' 4월22일 개통된 총 길이 1757㎞에 이르는 국토종주 자전거길을 이용하는 사람들을 위해 만들어진 책으로, 아름다운 우리나라 국토와 4대강을 자전거길로 둘러보는 국토종주 자전거길과 자전거길 주변의 볼거리, 먹거리, 잠자리 등 종합 이용 정보를 함께 수록하여 오직 자전거로만 만끽할 수 있는 여행으로 독자들을 안내하고 있다.

소마틱스

토마스 한나 지음·최광석 옮김 | 신국판 | 값 17,000원

하루 5분 정도의 소마운동만으로도 유연하고 건강한 몸을 유지하면서 나이와 외상으로 인해 생긴 문제에서 탈출할 수 있다. 더 이상 외부에서 나의 치유를 찾으려들지 말라. 이제 소마틱스를 통해 나 자신이 스스로의 주인이 되어 몸을 일깨워 잃어버렸던 유연성과 건강을 회복해보자.

조화가 성공을 부른다

신영철 지음 | 신국판 | 값 15,000원

모든 것은 상대적인 가치를 지니고 있다. 한 가지를 선택한다는 것은 또 다른 어떤 것을 포기한다는 것이다. 대비되는 가치들이 공존하는 모순의 세계에서 진정한 성공을 이루기 위해서는 무엇보다 조화가 필요하다. 이제 당신의 성공을 위한조화를 시도하라.

타인PR

양광모 지음 | 신국판 | 값 15,000원

자기PR의 시대는 끝났다. 이제 타인 PR로 승부하라! 자기PR 전성시대라고 해서 자기 입으로만 홍보하려는 생각을 버려라. 남들과 똑같이 해서는 절대로 앞설 수 없으며 성공하려면 남과 달라야 한다는 사실을 기억하라.

박희영의 유머경영

박희영 엮음 | 신국판 | 값 15,000원

재미있는 리더. 무게를 잡기보다는 조금 부족한 듯 망가지는 모습을 선택하는 호인. 일을 할 때는 무섭게 하고 사업에도 빈틈이 없는 완벽주의자. 남이 하기 싫어하는 일에 항상 먼저 솔선수범하는 사람. 외부로부터 이처럼 좋은 평가를 받는 '대한민국 인맥의 달인' 박희영 CEO의 유쾌한 행진이 시작됐다.

자식농사 천하대본

채성남 지음 | 국판 | 값 15,000원

「논어」전문가이자 통섭고전학의 대가인 채성남 저자가 분석한 대한민국의 자식교육의 실태, 그리고 그에 대한 해답을 듣는다. 저자가 말하는 유기농 자식농사법을 따라 흥미를 유발해 스스로 공부하게 하는 '자기주도 학습', 독서를 통한 '참 지식 쌓기', 자연 친화적 '창의력 교육'을 시작해보자.

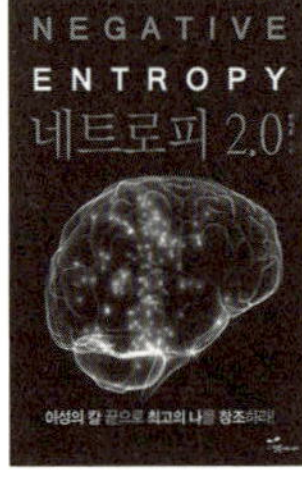

네트로피 2.0

한지훈 지음 | 신국판 | 값 13,000원

네트로피 = 마음의 질서

똑같은 노력을 해도 성공하는 사람과 실패하는 사람이 나뉘는 이유는 " 네트로피(netropy) 질서"에 있다. 우리 가슴속에는 이미 최고의 '나'가 존재한다. 이 책을 통해 그 최고의 나를 만나는 네트로피를 발견하라. 엔트로피 상태에서 네트로피 상태로의 전환은 당신의 인생에 극적 반전을 불러올 것이다.

독일 1등 NEWS 타게스샤우

신창섭 지음 | 국판 | 값 15,000원

공영은 다수를 위한 방송이다. 그러나 요즘 우리의 현실은 이 당연한 사실을 망각하고 있다. 공영방송이 외부의 힘에 마구 흔들리느라 자신의 위치를 찾지 못하고 있는 것이다. 세계에서 신뢰받는 독일 1등 뉴스 타게스샤우를 살펴보자. 그리고 그에 못지 않은 우리 공영 방송의 윤리를 회복시키자. 우리는 더 나은 뉴스를 볼 권리가 있다.

출판 및 기타 홍보물을 의뢰받아
기획 디자인 제작대행 해드리고 있습니다

● **제작 · 대행 업무**

출판 Publishing _ 자서전, 전기, 소설, 시집, 사보, 회사 연감

편집디자인 Editorial Design _ 브로슈어, 팜플랫, 카달로그, 리플릿, 회사 소개서

그래픽디자인 Graphic Design _ C · I (회사심벌), B · I (제품심벌)

● **원고 집필 대행**

전문 인터뷰어 및 경력 작가진 지원 _ 원고 컨셉부터 완성까지 책임집니다.

● **출판제작과정**

출 판 제 작 과 정
1. 주문의뢰
2. 고객과의 디자인 방향 협의
3. 제품시안 제시 및 반복 수정 작업
4. 고객님의 최종 결정
5. 제품 제작 및 자료 전송

※ 특수 주문에 따라 일부변동 가능

www.Happybook.or.kr
☎ 0505-666-5555